Equivalences

Equivalences

Translation difficulties and devices
French–English, English–French

ERIC ASTINGTON

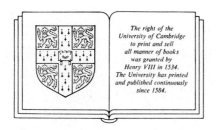

CAMBRIDGE UNIVERSITY PRESS

Cambridge

London New York New Rochelle

Melbourne Sydney

Published by the Press Syndicate of the University of Cambridge
The Pitt Building, Trumpington Street, Cambridge CB2 1RP
32 East 57th Street, New York, NY 10022, USA
10 Stamford Road, Oakleigh, Melbourne 3166, Australia

First published 1983
Reprinted 1986

Printed in Great Britain at the University Press, Cambridge

Library of Congress catalogue card number: 83–5272

British Library cataloguing in publication data

Astington, Eric
Equivalences.

1. French language–Translating into English
2. English language–Translating into French
I. Title
428'.02   PE1498
ISBN 0 521 27431 1

Contents

Preface

This introduction to techniques used in translation from and into French is based on more than thirty years' experience of teaching and on a scrutiny of over 900 passages, 460 French and 450 English, used for translation with advanced students.

In the course of this scrutiny, a framework emerged for classifying the difficulties encountered in translation from and into French. It included both formulae, such as Active → Passive and topics, such as 'metaphor', 'emphasis' and 'sentence tags'. This formed a basis for the collection of further examples as numerous and as varied as possible, culled from contemporary sources; for instance, for the French, modern novels, 'L'Express' and the news broadcasts of 'France-Inter'. The number of examples under each heading will be a rough guide to the relative frequency of occurrence for that difficulty or device. The symbol → is intended to be read as 'may be translated as'.

Experience proved that the simplest and clearest arrangement of the classified material was to group headings in alphabetical order within the two broad divisions French–English and English–French. An index has been added for ease of reference and some thoughts on translation appear after the English–French section.

It is hoped that the book will serve for self-instruction, as well as for reference. The student having read a section, or sections, of examples, should then cover over the target language and attempt to reconstruct it from the source language. In this way a 'feel' for the technique will be developed.

Experts will doubtless find better translations; students should be encouraged to do so.

Eric Astington

FRENCH–ENGLISH

1 Abstract → Concrete

1.1 *The French abstract noun is often better rendered into English by expansion into a phrase containing a concrete noun.*

Va-t-il tramer *une perfidie* contre l'ancien ami?
: Is he going to contrive *an act of treachery* against the former friend?

La démographie des Canadiens français
: French Canadian *population figures*

Ni la Banque d'Angleterre ni l'économie britannique tout entière ne pouvaient s'armer suffisamment pour résister à *l'adversité.*
: Neither the Bank of England nor the British economy as a whole could brace itself sufficiently to withstand *the blows of adversity.*

Quatre enfants *d'expression française* seront reçus par le Pape.
: Four *French-speaking* children will have audience of the Pope.

Le prix à *la consommation.*
: The price to *the consumer.*

Les qualités essentielles de l'audience sont *oralité, publicité, contradiction.*
: The essential features of a judicial hearing are *that it is conducted verbally, in public and that all parties are to be heard.*

Les débuts du cinéma
: *The early days* of the cinema

Il fera *un long détour* pour rendre visite à quelque seigneur russe ou hongrois.
: He will go *miles out of his way* to call on some Russian or Hungarian noble.

Mais ces oisifs sont parfois las de leur *inutilité.*
: But these idlers are sometimes weary of their *useless lives.*

Dans toute société, ce sont toujours les *éléments* d'intelligence inférieure qui sont affamés d'être à la page.
: In any society, it is always the less intelligent *members* who are dying to be 'with it'.

Il est *d'expérience* que les flashes publicitaires constituent un genre intéressant du point de vue artistique.
: It is *a well-known fact* that TV commercials constitute an interesting art-form.

Il n'a pas de *solidarité* avec les autres écrivains.
: There is no *bond of fellowship* between him and other writers.

Il est vrai que, mieux que tous les sondages, les banques connaissent *l'intimité* économique des Français.
: It is true that, better than any opinion poll, the banks know *the intimate details* of the French people's economic life.

Il fait des promenades dans la *nature.*
: He goes for walks in the *country.*

L'alternance université–entreprise
: *Sandwich* courses

Pendant toute sa *scolarité*, l'étudiant de Sciences Politiques sera fasciné par ces oscillations pendulaires.

During his whole *course*, the Political Sciences student will be mesmerised by these pendulum-like oscillations.

Leur *regard* semblait chercher l'arrivée des obus.

Their *eyes* seemed to be watching for the shells.

1.2 *This is particularly the case with abstract nouns in the plural.*

L'oncle Octave ne voulait pas voir *les réalités*.

Uncle Octave refused to see *things as they were*.

Elle se livrait de-ci de-là à quelques *coquetteries* déplacées.

She would now and again indulge in some ill-timed *flirtatious remarks*.

Leur désespoir est accru par le fait que les radios étrangères leur fournissent plein *d'éléments* de réflexion.

Their despair is heightened by the fact that foreign radios provide them with *food* for thought.

Ses plus extrêmes *audaces*, par certains côtés, sont des naïvetés.

His most *audacious tricks*, in some respects, are mere lack of experience.

Le clergé catholique avait la haute main sur *les âmes*.

The Catholic clergy had supreme control over *spiritual matters*.

1.3 *Verbs and verbal expressions*

Nous avons souvent traité ces thèmes, *en faisant la part* de la vérité et de l'outrance.

We have often dealt with these themes, *sifting* truth from exaggeration.

Les industriels allemands ont décidé de *se mondialiser*.

German industrialists decided to *operate on a world-wide scale*.

Les pensionnaires seront mieux logés, mieux nourris, mieux *entourés*.

The boarders will be better housed, better fed, better *looked after*.

Les pirates de l'air ont tenu *en respect* les passagers.

The hijackers held the passengers *at gunpoint*.

Toutes les fois que l'insertion des handicapés dans la société est possible, il faut *aller dans ce sens*.

Whenever it is possible to integrate the handicapped into society, that is *the thing to do*.

1.4 *It should be noted that examples of the reverse process (Concrete → Abstract) also occur quite commonly; see section 15.*

2 Active → Passive

2.1 *Since the passive is widely used in English, it seems to be the natural translation in many main clauses.*

Leur indifférence *me condamnait*.

I stood condemned by their indifference.

Il paraît rarement à New York.

He is rarely *to be seen* in New York.

La technique emporte l'homme vers des horizons imprévus.

Man is swept along by technical progress towards undreamt-of horizons.

Une de ces tables *groupait* Willy, Colette et son bouledogue.

Willy, Colette and her bulldog *were grouped around* one of those tables.

La construction des grands ensembles et la multiplication des voitures *peuplent de plus en plus* les banlieues.

With the development of residential complexes and the ever-increasing numbers of cars, the suburbs *are becoming more and more thickly populated*.

Le silence *entoure* la créature de rêve.

The dream creature *stands enclosed in silence*.

Les convois isolés *sont l'objet* de jet de pierres de la part d'enfants dans les villes.

Isolated convoys *are subjected* to stone-throwing by children in the towns.

Si le général de Gaulle était allé crier: 'Vive la Louisiane libre!' dans les rues de la Nouvelle-Orléans, *il aurait pris des tomates sur la figure*.

If General de Gaulle had gone shouting 'Vive la Louisiane libre!' in the streets of New Orleans, *he would have been pelted with tomatoes*.

La route *disparaissait à demi* sous la végétation pullulante.

The road *was half hidden* under the luxuriant vegetation.

Elle *reçoit* en plein visage *la féroce gifle* des branches trempées.

She is violently slapped in the face by the sodden branches.

Les cotisations *éclatent* entre le syndicat de base, les unions locales et régionales, la fédération, et la confédération.

The subscriptions *are split up* between the union on the shop floor, the local and regional organisations, the federation and the confederation.

Dans la moitié des logements, les médicaments *traînent dans la cuisine*.

In half of the homes, medicines *are left lying about in the kitchen*.

La République une et indivisible *coiffe* cent types distincts de structures familiales, cent modèles de comportement absolument indépendants.

The Republic One and Indivisible *is superimposed upon* a hundred distinct types of family structures, a hundred completely different behaviour patterns.

Le Premier ministre *a recueilli* de vifs applaudissements.

The Prime Minister *was greeted* with rousing cheers.

Rarement un homme *aura collé d'aussi près* à sa fonction.

There can rarely have been a man *more exactly suited* to his job.

2.2 *The same transposition of structure often operates in relative clauses.*

Un gringalet *qui n'intéressait* personne

A mere weakling *disregarded by all*

Les enfants gardent l'espoir d'échapper à la situation *qui emprisonne les parents*.

The children retain a hope of escaping the conditions *by which their parents are imprisoned*.

Les techniques de persuasion, auxquelles l'auteur *qui nous occupe* aujourd'hui a consacré son premier livre

The techniques of persuasion, to which the author *with whom we are concerned* today has devoted his first book

Un signe *qui ne trompe pas*

A sign *which cannot be mistaken*

Ce réseau de couloirs *qui rappellent* ceux d'un paquebot

This network of passage ways *which are reminiscent* of those on a liner

Il craignait d'être traité comme ces canards boiteux *que leurs frères assassinent à coups de bec*.

He was afraid of being treated like those lame ducks *which are pecked to death by their brethren*.

3

Des carrés verts *que couperont, que re-couperont, que rongeront* des transversales de tranversales

Squares of grassland *which will be cut up again and again and eaten away* by side-roads off side-roads

De gros nuages *que presse* tumultueuse-ment un fort vent d'ouest

Heavy clouds *driven* helter-skelter by a strong west wind

Il souffrait de la voir si douce et patiente comme tous ceux *que lasse et soutient une promesse.*

It irked him to see her so gentle and patient like all those *who are sustained yet wearied by a promise.*

Il découvre une boutique dont le style ultra-moderne et le souci de publicité *révèlent* la récente ouverture.

He comes across a shop, the recency of whose opening *is revealed* by the ultra-modern style and the preoccupation with advertisement.

Des hommes encapuchonnés dont le vent *plaque* le manteau sur le corps.

Men muffled up in hooded coats *blown* against their bodies by the wind.

Tous les maux dont *souffre* le système monétaire international

All the ills with which the international monetary system *is afflicted*

2.3 *'Passer pour'*

'Le Monde' *passe* à juste titre *pour* une institution nationale.

'Le Monde' *is* rightly *held to be* a national institution.

La vie du cirque ne peut absolument pas *passer pour jeu.*

Circus life cannot in any way whatsoever *be considered as a game.*

2.4 *Some verbs used pronominally have a passive meaning; see section 46.1.*

3 Adjective → Noun or noun phrase

3.1 *The French adjective is translated by an English noun.*

Une transfusion *sanguine* — A *blood* transfusion
Une pierre *angulaire* — A *corner*-stone
Des installations *portuaires* — *Port* installations
La couche *nuageuse* — The *cloud* layer
La politique *gouvernementale* — *Government* policy
La fraude *fiscale* — *Tax* evasion
Des revendications *salariales* — *Wage* claims
Le redéploiement *démographique* affecte les écoles *maternelles*. — *Population* shifts affect *nursery* schools.

Le souci *prioritaire* est la sécurité. — The *top priority* concern is security.
Une bombe *fumigène* — A *smoke* bomb
Un quart-pouvoir est né dans les écoles: le pouvoir *parental*. — A fourth estate has arisen in the schools: *parent* power.
Les responsables *syndicaux* — The *trades union* officials
Une station *estivale* espagnole — A Spanish *summer* resort
Le travail *posté* — *Shift* work
Un ouvrier *posté* — A *shift* worker
Le micro n'eût rien changé: toute la — The microphone would not have made

4

diffusion *sonore* était *dérisoire*.	any difference: the whole *sound* system was *a joke*.
Une analyse *spectrale*	A *spectrum* analysis
Un chômage *généralisé*	*Mass* unemployment

3.2 *The adjective is translated by a noun phrase with 'of'.*

La politique *conventionnelle*	The policy *of collective bargaining*
Une étonnante diversité *professionnelle*	An astonishing range *of trades*
L'homme *providentiel*	The man *of destiny*
Une allure *grandiose*	An air *of grandeur*
L'automatisme *langagier*	The automatic use *of language*
La réaction *professorale* à cet envahissement est dérisoire.	The *teachers'* reaction to this invasion is laughable.
Et puis cela s'adresse trop évidemment au public *croyant*.	And then it is too obviously directed to a public *of believers*.
Une longue traînée *lumineuse*	A long trail *of light*
Les deux partis sentirent le besoin de couvrir du manteau *légal* leurs prétentions et leurs actes.	The two parties felt the need to cover their pretensions and their acts with the cloak *of legality*.
Il avait une franchise absolue, sans la moindre nuance *conventionnelle*.	He was absolutely frank, without the slightest trace of *conventionality*.
La production *romanesque*	The output *of novels*
Sans doute y a-t-il, dans toute comédie, un élément *pathétique*.	Perhaps there is, in all comedy, an element *of pathos*.
La politique *suiviste* à l'égard du régime soviétique	The policy *of alignment* on the Soviet régime

3.3 *The English noun phrase may be introduced by other prepositions.*

Son périple *asiatique*	His trip *through Asia*
Certains pleurs *passéistes* sont parfois fort hypocrites.	Certain laments *for the past* are sometimes very hypocritical.

3.4 *The French adjective may become the head word in the English prepositional phrase.*

Au milieu de leurs familles *irritées* et *moqueuses*	Amidst *the irritation* and *mockery* of their families

---

4 Adjective used as a noun → Noun phrase

Ces deux *solitaires*	These two *lonely people*
C'est *un inconditionnel* d'un pouvoir fort.	He is *an unquestioning supporter* of firm government.
Les sondages sont faits par des *irresponsables* anonymes sur des *anonymes* irresponsables.	The polls are conducted by faceless *irresponsible people* on irresponsible *faceless people*.

Il y a toujours *des nostalgiques* de la Quatrième République.	There are still *those hankering for a return* to the Fourth Republic.
Et ce fut la tristesse de voir partir les amis, même *les indifférents*.	And then there came the sadness of seeing friends or even *mere acquaintances* leave.
Le *saugrenu* qui lui traverse parfois l'esprit s'inscrit paisiblement sur la page.	*Any outlandish thought* that passes through his mind is calmly recorded on the page.
On insiste sur *le sérieux* des revendications.	*The serious nature* of the claims is emphasised.
Le Président n'a pas lésiné sur *le cocardier* pour complimenter les deux héros de la navette spatiale.	The President was lavish in his use of *the jingoistic tone* to congratulate the two heroes of the space shuttle.
Le *tout* est que le gouvernement français développe une politique qui permette de tirer profit de cette éclaircie.	*The main thing* is that the French government should elaborate a policy which will allow advantage to be taken of this bright interval.
En Bretagne, à Noël, *le spirituel* l'emporte sur *le matériel*.	In Britanny, at Christmas, *spiritual values* take precedence over *material ones*.
Il s'agit de faire *du durable* et *du positif*.	The intention is to create *something permanent, something positive*.

5 Adjective → Adverb

5.1 *The adjective is often separated, at least by a comma, from the noun which it qualifies.*

Les autres se regardèrent, *indécis*.	The others looked at one another, *doubtfully*.
'Bien sûr', dit l'oncle Théo, *débonnaire*.	'To be sure', uncle Théo said, *good-humouredly*.
'Les députés parlent pour nous, à Paris', ajoute, *important*, le vieil Albert.	'The MP's are speaking up for us in Paris', old Albert adds, *complacently*.
Il se promenait de long en large, un peu *impatient*.	He was walking up and down, somewhat *impatiently*.
'Espérons pour ce bon M. Préhaut qu'il a emmené sa femme loin des plages', murmura Mme Faplepousse, *fielleuse*.	'Let's hope for that kind M. Préhaut that he's taken his wife far away from the seaside resorts', murmured Mme Faplepousse, *venomously*.
Ambitieux, le projet conçu par les architectes s'articule autour d'une salle d'une superficie de 48 000 mètres carrés.	The plan elaborated by the architects is *boldly* centred on a hall 48,000 square metres in area.

5.2 *An adjective in its normal position may also be transposed into an English adverb.*

L'aube se leva *lente* et *lasse*.	*Slowly* and *wearily* broke the dawn.
Quelques filles *attardées* rentraient de la	A few girls were coming home *belatedly*

promenade.	from a walk.
Aujourd'hui, il n'est efficacement soutenu que par la *seule* majorité de son *seul* parti.	Today he is in fact supported *only* by his own party and *only* by the majority within that party.

5.3 *Occasionally where two adjectives, connected in sense, are joined with 'et', one of them may be translated by an adverb.*

Elle jouit d'une santé excellente et *régulière*.	She enjoys *consistently* excellent health.

---

6 Adjective → Subordinate clause

6.1 *Adjectives in apposition constitute the most common case.*

Américaine, elle eût adoré faire partie de l'un de ces clubs de femmes qui font poids sur l'opinion.	*Had she been American*, she would have loved to belong to one of those women's clubs which exercise pressure on public opinion.
Précieuses, ces découvertes ne voilent cependant pas l'âpre vérité: deux cancéreux sur trois meurent prématurément.	*However valuable they may be*, these discoveries do not conceal the bitter truth: two cancer sufferers out of three die prematurely.
Pragmatiques, les Américains ont tiré la leçon de l'expérience brésilienne. D'ici dix ans, le carburant végétal devrait représenter dix pour cent de la consommation d'essence.	*Pragmatic as they are*, the Americans have drawn a lesson from the Brazilian experiment. Ten years from now, vegetable fuel should account for ten per cent of petrol consumption.
Méprisé, *même riche*, par les classes dites supérieures, le plouc n'est jamais à l'aise hors de son clan.	Looked down upon, *even if he is well-to-do*, by the so-called upper classes, the country bumpkin is never at his ease outside his own social circle.
Rituel, ce ralentissement de fin d'année est, cette fois, plus accusé et plus précoce.	*Although it is an annual occurrence*, this end of year slowing down is, this time, more marked and earlier in its arrival.
Cyclique, l'industrie papetière est coutumière des crises.	*Since it suffers regular fluctuations* the paper industry is accustomed to crises.
Incapables de discerner par le goût, la culture et l'esprit critique, ils jugent le problème d'après ce principe, que la vérité est la nouveauté.	*Because they are incapable* of discriminating by means of taste, culture or critical judgement, they inevitably decide the case according to the principle that novelty is truth.
Négligeable en début de carrière, l'écart des salaires hommes–femmes ne cesse de s'accentuer, jusqu'à atteindre 26 pour cent.	*Although it is insignificant* on entry into a career, the gap between men's and women's salaries grows ever wider, finally reaching 26 per cent.
Mystérieuses et secrètes, ces firmes céréalières n'en sont pas moins les proto-	*Mysterious and secretive as they are*, these grain firms are nevertheless the almost

types presque parfaits des nouvelles sociétés multinationales.	perfect prototypes of the new multi-national companies.
Prospères, les exploitants veulent surtout s'assurer qu'on ne bouleversera ni le Crédit Agricole ni les coopératives.	*Prosperous as they are*, farmers want above all to be sure that there will be no drastic change either in the Crédit Agricole (banks) or in the co-operative marketing organisations.

6.2 *Other less common cases*

Une gesticulation aussi *ininterprétable* que possible.	A system of gestures *which it is quite impossible to interpret*.
Il est *prévisible* que nous aurons du mal à maintenir le niveau du festival.	*All the signs are* that we shall have difficulty in keeping up the standards of the festival.
Cette petite voiture économique était destinée à la classe moyenne, aux artisans, aux ouvriers même, dont il était *prévisible* que le niveau de vie allait augmenter.	This small economical car was intended for the middle classes, the self-employed craftsmen and even the workers whose standard of living *showed clear signs* of improving.

7 Adjective → Adjectival phrase

Une aliment *pauvre*	A food *low in nutritional value*
Le secteur *étatisé* de l'industrie	The *state-controlled* sector of industry
Des plantes aux feuilles vertes et *chargées d'eau*	Green-leaved plants *with a high water-content*
Ces bêtes laissent derrière elles des cadavres *exsangues*.	These animals leave behind them corpses *drained of blood*.
Le voyage nous confronte aux formes les plus malheureuses de notre existence *historique*.	Travel brings us face to face with the most unfortunate forms which our life has taken on *through the ages*.
Les usines sont encore trop peu nombreuses et dépendent souvent de centres *décisionnels* installés à Paris ou à l'étranger.	Factories are still too few in number and are often dependent on *decision-making* centres situated in Paris or abroad.

8 Adjectival phrase → Adjective

Une évocation historique *à grand spectacle*	A *spectacular* historical reconstruction
Le sociétaire, sa conjointe et les enfants *à charge*	The member, his spouse and *dependent* children
Un vote *à bulletin secret*	A *secret* ballot
Une victoire *à l'arraché*	A *narrow* victory
Des logements *en dur*	*Permanent* housing

Une émission *en direct*	A *live* broadcast
Il y a seize mille dossiers *en souffrance*.	There are sixteen thousand cases *pending*.
Le charme de Montaigne vient de son esprit toujours *en éveil*.	Montaigne's charm arises from his ever *alert* mind.
Maintenir l'emploi tel qu'il est est utopique. Nous sommes partout *en sureffectif*.	To maintain the level of employment as at present is a pipe-dream. We are *over-manned* everywhere.
L'enjeu de ces élections est *de taille*.	The stakes are *high* in these elections.
Un mur pierreux *sans fissure*	An *unbroken* wall of stone
Un paysage plutôt *dépourvu d'attrait*	A somewhat *unattractive* landscape
Il soulève la motte entre ses mains *réunies en forme de coupe*.	He lifts up the clod of earth in his *cupped* hands.
Une paire de chaussures, une chemise aussi mal faites seraient vendues au rabais comme 'produits *présentant un défaut*'.	A pair of shoes, a shirt, as badly made as that would be sold off at a reduced price, as '*defective* products'.

9 Adverb or adverbial phrase → Adjective

9.1 *Where the adverb or adverbial phrase relates to the whole statement, it may be better to re-cast the sentence in English.*

Je quittai l'Institut d'Etudes Politiques *avec regret*.	I was *sorry* to leave the Institute of Political Studies.
Elle était *vraisemblablement* ignorante de ces faits.	It is *very likely* that she was unaware of these facts.
On arrive *difficilement* à établir des prévisions localisées.	It is *difficult* to make *successful* local forecasts.
On s'étonne *à tort* de cette aggravation des peines prononcées par les tribunaux.	People are *wrong* to be surprised at the increasingly heavy sentences imposed by the courts.
Ils en perdent *heureusement* le goût.	It is *fortunate* that this is a taste they are growing out of.
L'indigène d'Afrique du Sud vit *obligatoirement* dans l'horizon clos de sa propre race.	The South African native is *forced* to live within the narrow confines of his own race.
Une ville n'est pas *impunément* posée sur la plus grosse artère de l'Europe.	A city cannot remain *unscathed* if it is astride the biggest main road in Europe.
Elle s'étendait sur son lit, sans quitter sa robe de soirée, qu'elle froissait *avec indifférence*.	She would lie down on her bed without taking off her evening dress, *not caring* whether she crumpled it.

9.2 *In other cases the adverb may be transposed to an adjective with an appropriate noun.*

Des milliers de Hollandais passent leurs	Thousands of Dutch people spend their

vacances ou vivent en Ardèche. Les Ardéchois les apprécient *diversement*.

holidays or live in Ardèche. The Ardéchois have *mixed* feelings about them.

Une attitude *faussement* indifférente

A *false* air of unconcern

Faussement étonné, il vous annonce que, distribuées en cassettes, ses 'Radioscopies' servent à étudier le français à l'étranger.

With an *assumed* air of surprise, he tells you that his 'Radioscopie' programmes, available on cassette, are used for the study of French abroad.

L'animal se débattit *longtemps*.

The animal put up a *long* fight.

N'attendaient-ils pas, à l'abri de leur mur, l'occasion de tirer *de nouveau* sur lui?

Were they not waiting, under cover of their wall, for *another* chance to fire at him?

On répète *à l'envi* que les Arabes ont été informés et rassurés.

There is a *constant* reiteration of the fact that the Arabs have been kept informed and given assurances.

---

10 Adverb → Phrase

In a few cases, the adverb will be better translated by a phrase, usually adverbial.

Très schématiquement, l'historique de la crise est cette fois la suivante.

In brief outline, the history of the latest crisis is as follows.

Les routes sont *difficilement* praticables.

The roads are passable, *but only with difficulty*.

Ils ne se parlaient pas, se serrant *frileusement* l'un contre l'autre.

They said nothing, snuggling up against one another *with a shiver*.

Le gouvernement avait donné l'impression que ses droits de souveraineté ne pouvaient *légalement* être mis en doute.

The government had given the impression that its claim to sovereignty could not be contested *in law*.

---

11 Adverbial phrase → Adverb

To avoid 'heavy' adverbs ending in 'ment', phrases are used in French:

11.1 *Phrases with 'avec'*

Il frappe ses chênes à grands coups, *avec patience, avec certitude*.

He fells his oaks with great strokes of the axe, *patiently, surely*.

D'autant que certains syndicats se sont comportés *avec légèreté*.

All the more so as some trades unions have behaved *irresponsibly*.

Ils suivent *avec angoisse* l'action des révolutionnaires.

They are *anxiously* following the revolutionaries' action.

Les cigales chantent *avec plus de vivacité* que jamais.

The grasshoppers chirrup *more briskly* than ever.

Le Gaulois respira *avec joie* l'air marin.

The Gaul breathed in the sea-air *exultantly.*

Le Commissariat du Plan prévoit *avec assurance* l'augmentation du nombre des demandeurs d'emploi, si le gouvernement ne modifie pas sa politique.

The Planning Board *confidently* predicts that the number of those seeking work will go up, if the government does not alter its policy.

'C'est Lambert qui est jeune', dit Henri *avec allant*, 'pas moi'.

'Lambert is the young one,' said Henri *decisively*, 'not me.'

Les adultes regardent ces jeunes êtres bariolés *avec envie*.

Adults look at these gaily coloured young things *enviously.*

Vos prévisions sont attendues *avec impatience*.

Your forecast is *impatiently* awaited.

11.2 *Phrases with 'sans'*

Tantôt la chatte penchait une oreille vers la chambre, tantôt elle notait *sans passion* l'éveil d'un monde lointain, à ras de terre.

Now the cat would incline an ear towards the bedroom, now she would *dispassionately* take note of a distant world down there on ground level.

Le centre fonctionne *sans interruption*.

The centre operates *continuously.*

Le livre de McLuhan n'est qu'un carrefour où se déversent des noms, des citations, des emprunts, prélevés dans toutes les époques, dans toutes les aires socio-culturelles, *sans discernement*, *sans cohérence, sans scrupule*.

McLuhan's book is just a cross-roads into which pour names, quotations, borrowings, lifted from all historical periods, from all socio-cultural areas, *indiscriminately*, *incoherently*, *unscrupulously.*

Ce droits résultaient *sans discussion possible* des dispositions du traité.

These rights stemmed *indisputably* from the provisions of the treaty.

On a parlé *sans périphrase* de la censure.

People spoke *uninhibitedly* about censorship.

Le comité lance un plaidoyer *sans équivoque* pour la recherche fondamentale.

The committee pleads *unequivocally* for fundamental research.

11.3 *Phrases with 'd'un geste', 'd'une façon', 'd'une manière', 'd'un air', 'd'un coup', 'd'un pas' etc.*

Antoine retira l'aiguille *d'un geste prompt*.

Antoine pulled the needle out *sharply.*

Quand le docteur croyait avoir convaincu son adversaire, ses sourcils se relevaient *d'une façon démesurée*.

When the doctor thought he had convinced his adversary, his eyebrows would shoot up *extravagantly.*

Le temps se nourrirait de lui, altérant *d'une manière imperceptible* l'ordonnance de son corps.

Time would feed on him, *imperceptibly* distorting the lay-out of his body.

Le Président leva les bras *d'un air solennel*, pour reclamer le silence.

The President raised his hands, *solemnly*, for silence.

Il traversa la pièce *d'un pas plutôt mal assuré*.

He crossed the room *rather shakily.*

'Le train a une heure et demie de retard',

'The train is an hour and a half late', he

dit-il *d'une voix lamentable.*
L'aiguille s'enfonça *d'un coup sec.*

said *pathetically.*
The needle sank *straight* in.

11.4 *Phrases with 'de'*

De toute évidence, personne à l'intérieur du cabinet n'ignore ces propositions banales.

Quite obviously, nobody inside the cabinet is unaware of these well-worn proposals.

Ce n'est pas *de gaieté de cœur* que le gouvernement a autorisé cette hausse du prix de l'essence.

It is not *lightheartedly* that the government has authorised this increase in the price of petrol.

Il est des périodes où le fascisme du parti communiste français est voilé, d'autres où il s'étale *de propos délibéré* avec une agressivité qui confine à la provocation.

There are times when the French communist party's fascism is veiled, others when it is *deliberately* flaunted, aggressively and almost provocatively.

Il a fait *d'entrée en jeu* une déclaration de principe.

He *immediately* made a policy statement.

11.5 *Phrases with 'à'*

Je n'ai jamais agi *à la légère.*

I have never acted *rashly.*

La communauté juive est indignée, *à juste titre*, par cette nouvelle vague d'attentats racistes.

The Jewish community is *rightly* outraged by this new wave of racialist attacks.

Des hommes, éveillés *à regret*, allumaient l'amère première cigarette.

Men, awakening *reluctantly*, were lighting the first, bitter-tasting cigarette.

La décision a été prise *à la sauvette.*

The decision was taken *hurriedly.*

Ces élèves vont pratiquer *à hautes doses* leur sport favori.

These pupils are going to train *intensively* for their favourite sport.

Vingt-quatre avions sont arrivés *à bon port.*

Twenty-four 'planes have arrived *safely.*

Chacun doit voter selon sa conscience, *à titre personnel.*

Each must vote according to his conscience, *individually.*

11.6 *Phrases with 'en'*

Les patients peuvent se traiter à domicile *en toute sécurité.*

Patients can treat themselves at home *quite safely.*

Un coup d'état militaire conduit *en douceur*

A military take-over of power *smoothly* carried out

Dans ces quartiers, l'émeute couve *en permanence.*

In these districts, insurrection is *permanently* smouldering.

Les Italiens ont pris subrepticement mais *en toute légalité* le contrôle de la société.

The Italians have taken over the firm surreptitiously but *quite legally.*

Les gens en URSS ont envie de connaître ce qui se passe à l'Ouest. C'est pourquoi ils lisent énormément. *En définitive*, n'importe quel Soviétique en sait plus sur l'Occident que les Occidentaux sur l'URSS.

People in the USSR want to know what is happening in the West. That is why they read enormously. *Eventually*, any Soviet citizen knows more about the West than Westerners do about the USSR.

Par intervalles de brèves et pâles soleillées couraient sur les prairies semées de flaques.

Short-lived bursts of pale sunshine passed *intermittently* over the meadows strewn with puddles.

Il a été séquestré *par erreur* dans un asile d'aliénés.

He was *wrongly* detained in a mental home.

11.8 *Phrases with other prepositions*

Dans une quasi-unanimité

Almost *unanimously*

Il ne faut pas s'affoler *outre mesure*.

We must not get *too* excited.

12 Affirmative → Negative

12.1 *Verbs and verbal expressions*

Le mythe *se défend* encore assez bien.

The myth *is* still *not dead.*

La table *disparaissait* sous un amoncellement de feuilles cochées au crayon bleu.

You couldn't see the table for a pile of papers ticked in blue pencil.

Il se prodigue aux hommes, soigne les malades et répand la culture.

He does not spare himself in the service of mankind, tends the sick and spreads civilisation.

'Vous êtes le premier arrivé ce matin.'
'*C'est rare.*'

'You're the first to arrive this morning.'
'It doesn't often happen.'

Depuis deux ou trois ans, *je lui voyais toujours* ces cernes violets.

For the last two or three years, *I had never seen her without* those dark rings under her eyes.

Nous collons de très près au pouvoir d'achat de nos clients.

We try not to exceed our customers' purchasing power.

Je suis dans l'impossibilité de donner suite à ce projet.

I am in no position to pursue this plan.

L'idéologie marxiste *est en perte de vitesse.*

Marxist ideology *is no longer making such rapid progress.*

12.2 *Adjectives and past participles*

Un sentiment critique redoutable et *toujours éveillé.*

A formidable critical sense *which never slumbers.*

L'explication fournit *d'insuffisantes* lumières sur les dangers à long terme.

The explanation does *not* throw *enough* light on the long-term dangers.

La recherche a été *difficile.*

The search was *by no means easy.*

Une sorte de mouvement *étranger* à la vie

A kind of movement *which has nothing in common* with life

Les électeurs le jugeaient *inférieur* à sa tâche.

The electors considered him to be *not equal* to his task.

C'est assez *exact.*

That's *not* entirely *wrong.* (Meaning 'There is something in what you say'

	and NOT 'That is quite right'.)
Une crèche *sauvage*	An *unofficial* crèche
Une grève *sauvage*	An *unofficial* strike
Demain le temps sera *médiocre*.	Tomorrow the weather will *not* be *very wonderful*.
La crise politique reste *entière*.	The political crisis has still *not been resolved*.

12.3 'Peu' + adjective → Adjective or phrase of negative meaning

On constate que nos élus sont surmenés et *peu disponibles*.	Our elected representatives are seen to be overworked and *not often available*.
Peu agressives, les mouches des sables nous font un coquet tapis sur les omoplates.	The *innocuous* sand-flies settle in a neat carpet on our shoulder-blades.
La perspective est *peu réjouissante*.	The prospect is *disheartening*.
Cette grève ternit encore un peu plus l'image de marque *peu reluisante* des ports français, réputés *peu fiables*.	This strike is tarnishing a little more the *far from brilliant* brand image of French ports, considered to be *unreliable*.
Et soudain cette voix, sa voix, mais si *peu sûre*, à près de mille kilomètres: 'C'est moi, mon chéri'.	And suddenly that voice, her voice, but so *unsure of itself*, almost a thousand kilometres away: 'It's me, dear'.
Sur place, le consul des USA leur avait brossé un tableau *peu engageant* de la contrée.	On the spot, the US consul had painted an *uninviting* picture of the region.
Celui qui entre dans le drugstore prendra instinctivement une allure de touriste désinvolte et *peu pressé*.	Anyone going into the drugstore will instinctively adopt the gait of an off-hand, *unhurried* tourist.

12.4 Adverbs

Ce genre de déclaration se traduit *peu* en actes.	This sort of statement is *not often* translated into concrete action.
Ces plaques de verglas sont *difficilement* décelables.	These patches of black ice are *not easily* detectable.

---

13 Animate qualities applied to inanimate objects

13.1 *Cases arise where the two languages do not ascribe the same animate quality.*

Il contempla ses armes avec une joie *sourde* et passa la main sur plusieurs d'entre elles comme s'il caressait un être aimé.	He gazed at his firearms in *silent* enjoyment and ran his hand over several of them as if caressing a loved being.
Une angoisse *sourde*	A *gnawing* anxiety
Le discours était particulièrement *musclé*.	The speech was a particularly *hard-hitting* one.

La *faible* assiduité aux réunions locales de militants permet à une minorité de faire adopter à main levée ce qu'ils veulent.

Poor attendance at party branch meetings allows a minority to get what they want carried on a show of hands.

13.2 *For transferred epithets or personification, expansion is usually necessary.*

Un film *haletant*

An *exciting* film; a film *that leaves you gasping*

Le classement des métiers *heureux*

The classification of occupations *according to job satisfaction*

Une voiture *qui riait* passa.

A carriage *full of laughing people* went by.

Voici que *se querellent les murs mitoyens.*

And now *party-wall quarrels start up.*

Il va faire des *coupes sombres* dans les dépenses de la sécurité sociale.

He is going to make *considerable cuts* in social security expenditure.

(Coupe sombre: opération qui consiste à n'enlever qu'une partie des arbres pour permettre l'ensemencement de nouveaux arbres.)

14 'Avoir'

When 'avoir' has an abstract noun as its direct object, a more specific verb or expression is used in English.

Elles ont des fous rires exaspérants de collégiennes.

They burst out into exasperating schoolgirl giggles.

Apercevant soudain Elsa qui s'approchait de lui, *il eut un sourire.*

Suddenly catching sight of Elsa coming towards him, *a smile came over his face.*

Elle eut de nouveau *ce sourire* dont elle connaissait le pouvoir.

Once again *her face was lit* by that smile, the effect of which she was fully aware of.

Ils eurent la certitude que le návire n'avait pu s'éloigner beaucoup vers l'ouest.

They felt sure that the ship could not have gone far to the westward.

Le galion *eut* un heurt soudain. *J'eus,* pendant une seconde, le désir éperdu de m'en aller.

The galleon *gave* a sudden jar. For a second, a wild urge to flee *overcame me.*

Il avait un beau et froid courage dans les jours de crise.

He displayed an admirably cool courage in days of crisis.

Il eut la révélation d'une force secrète, mystérieuse.

He was vouchsafed the revelation of a secret, mysterious power.

En politique, Mlle de Bauret *avait* des idées avancées.

In politics, Mlle de Bauret *professed* advanced ideas.

Le facteur dit à Julien: 'C'est pour vous aujourd'hui'. Comme Julien ne recevait pas beaucoup de lettres, *il eut* de l'étonnement.

The postman said to Julien: 'There's something for you today'. As Julien did not receive many letters, *he was struck* with amazement.

This change of semantic category occurs almost as often as the reverse; see section 1.

Malgré *les grands mots*, un minimum de bon sens a prévalu de part et d'autre.	In spite of *fancy talk*, a minimum of common sense prevailed on both sides.
Les quinze cents personnes qui pique-niquaient dans la forêt l'autre week-end n'ont pas laissé un seul *papier gras*.	The fifteen hundred people who pic-nicked in the forest the other week-end did not leave a single piece of *litter*.
Les industriels français se méfient de leurs propres recrues, même s'ils sont fiers de leurs *parchemins*.	French industrialists are wary of their own recruits, even if they are proud of their *qualifications*.
La crise *marque un palier*.	The crisis *is levelling out*.
A *la charnière* des années 60 et 70, les Etats-Unis ont connu un réveil douloureux.	At *the turning-point* between the sixties and the seventies, the USA experien-ced a painful awakening.
Chaque jour, la tension monte *d'un cran*.	Each day tension mounts *perceptibly*.
Une pension *alimentaire*	A *maintenance* allowance
Il a donné *un coup de pied* au président américain.	He gave the American president *a broad hint*.
Il y avait deux *souches* de grippe qui *se promenaient* en même temps.	There were two *strains* of influenza which *were prevalent* at the same time.
Il *a fait tourner* à fond *la boîte à idées*.	He *racked* his *brains*.
Le courant ne passe pas entre les deux hommes.	There is no *sympathy/communication* be-tween the two men.
La fermière du Middle West écrit aux speakers de la radio new-yorkaise pour leur expliquer *son cœur*.	The wife of a Middle West farmer writes to the New York radio announcers to confide *her feelings* to them.
Il a un *bagage* universitaire conséquent.	He has an imposing academic *background*.
Ces événements provoquent toujours *des remous* dans la capitale.	These events are still causing *a stir* in the capital.

16 Contraction

If we heed the oft-given advice: 'Translate ideas, not words' and think how we would react in English to the situation encoded in the French words, the English version may be either shorter or longer than the original. Here are some examples where it is shorter; for the reverse, see section 19.

Il ne s'occupait que de la préparation d'une *séance récréative*.	He was wholly engrossed in the prepara-tion of an *entertainment*.
Les *pouvoirs publics*	The *authorities*
Une *inversion du sens de la marche*	A *U-turn*
Le congrès annuel s'est ouvert dans une atmosphère de *fête foraine*.	The annual conference opened in a *car-nival* atmosphere.

Les avions ont dû renoncer au *passage à basse altitude.*	The 'planes had to abandon the *fly-past.*
L'aide aux chômeurs *privés de* ressources	Unemployment benefit for those *without* resources
Les bêtes timides *courent se jeter* sur le chemin du lion affamé.	The timid animals *rush* on to the famished lion's path.
Ces clochetons *qui semblent des fusées parties* vers le ciel	These pinnacles *rocketing* to the sky
Je ne peux pas me permettre de refuser.	I *simply can't* refuse.
La politique *qui lui a valu d'être porté au pouvoir*	The policy *which brought him to power/for which he was elected*
La vase du fond *était* douce *aux yeux* comme un velours.	The mire at the bottom *looked* as soft as velvet.
Il *fit quelques pas pour se placer* derrière un arbre.	He *went to take cover* behind a tree.
La question est évidemment *de savoir où* trouver l'argent.	The question is obviously *where* to find the money.
La prochaine expérience *permettra de juger.*	The forthcoming experiment *will tell.*

17 'Dont'

Translations other than an English relative pronoun are possible and sometimes necessary.

17.1 *'With' + present or past participle*

C'est un coteau tranquille *dont* le flanc escarpé *déclive* vers l'ouest et *dont* le sommet *porte* encore les ruines grisâtres d'une chapelle.	It is a quiet hill *with its* steep side *sloping* west and (with) *its* summit still *bearing* the grey ruins of a shrine.
Un magazine entièrement illustré en couleurs de la première à la dernière page *et dont* l'abord sympathique, chaleureux *est le reflet* de l'activité qui vous entoure, à laquelle vous participez quotidiennement.	A magazine entirely illustrated in colour from the front to the back page, *with* a friendly, warm approach *reflecting* the activity around you, in which you participate every day.
Une grande place encadrée d'ormes et de tilleuls, *dont* le soleil couchant *perçait* le feuillage de ses traits enflammés.	A large square framed by elms and lime-trees, *with* the setting sun *darting* its flaming rays through their foliage.
Les lourdes tentures de damas qui se moiraient de reflets satinés *et dont* les larges plis *semblaient* s'agiter en se renvoyant la clarté inconstante.	The heavy crimson damask hangings which took on iridescent satin-like hues, *with* their ample folds *seeming* to move when mutually reflecting the ever-changing light.
Ainsi qu'une gravure ancienne *dont* les marges *ont été rognées*	Like an old engraving *with* its edges *cut away*

Les cheminées de poterie rouge *dont* les fumées bleuâtres se perdent dans l'air	The red chimney-pots *sending* wisps of bluish smoke away into the air
Les feux de copeaux *dont on flambait* la carcasse des navires	The bonfires of wood-shavings *for singeing* hulks
La vie active *dont* leurs besoins toujours renaissants *leur prescrivent* le devoir	A busy life, *imposed upon them* by their ever-renewed needs

17.3 *The complex sentence may be transformed into co-ordinate clauses with* 'and' *or* 'for'.

La presse, *dont* je vous rappelle qu'elle est censurée, ne rapporte rien de cette affaire.	The press, *and* I remind you that it is censored, carries no report of this matter.
Tout le monde connaît la Mini, *dont* l'intelligence de conception est d'autant moins niable qu'elle parvient à se maintenir encore aujourd'hui.	Everybody knows the Mini, *and* its brilliant design cannot be denied, all the more so as it is still managing to hold its own today.
Ce sont des députés sortants *dont* on peut penser qu'ils appuieront leurs suppléants.	They are retiring MPs *and* it may be inferred that they will support their replacements.
Brescia était une ville puissamment fortifiée, *dont* le siège risquait d'être long et coûteux.	Brescia was a strongly fortified city *and* laying siege to it was likely to be a long and costly business.
L'hésitation soviétique n'est certainement pas due à la crainte du mécontentement occidental, *dont l'éventualité* est restée d'une discrétion exemplaire.	The Russians' hesitation is certainly not due to any fear of the West's displeasure, *for that possibility* has been exemplary in its unobtrusiveness.

18 Emphasis

18.1 'C'est . . .'

C'est le résultat de sept années d'études *que je présente aujourd'hui* au grand public.	*What I am today presenting* to the general public is the result of seven years of research.
Gandhi a pu affirmer que 'lorsque Nehru rêve, *c'est* en anglais'.	It was possible for Gandhi to declare that 'when Nehru dreams, *he dreams* in English'.
C'est précisément, hélas! le temps qui va manquer.	But alas, *time is the one thing* that is going to be lacking.
L'image de marque est, pour l'entreprise, l'une des données essentielles de sa politique commerciale. *C'est* elle qui lui assure l'emprise sur le marché.	For a firm, one of the overriding factors of its marketing policy is the brand image. *That is what* ensures its hold on the market.
C'est encore la marque qui, à l'extérieur, fonde la notoriété d'une entreprise.	*The brand it is again* which, overseas, sets up the name of a firm.

18.2 'C'est que ...'

Ah mais! *c'est que* flâner était difficile, dans ce Paris inconnu.

But, *you know*, strolling was difficult in this unknown Paris.

C'est que le problème des vacances scolaires est une querelle gigogne; il entraîne toute notre vie.

In reality, the school holidays problem is a quarrel with multiple ramifications; it involves our whole life.

Si l'enquête policière démarre sur les chapeaux des roues, *c'est qu'un* voisin a vu de sa fenêtre deux individus à l'allure suspecte rôder devant la banque.

The police investigation has got off to a flying start *simply because* a neighbour saw from his window two suspicious looking characters prowling outside the bank.

18.3 *Repetition*

Une jeune fille *mince, mince*

A *tiny slip of a* girl

Le match ne sera pas *facile, facile* pour les tricolores.

The match will be *anything but easy* for the 'Red-White-and-Blues'.

Je voudrais maintenant parler *politique, politique*.

Now I'd like to talk of *politics, real politics*.

On a vu un nuage de fumée *énorme, énorme*.

We saw a *really huge* cloud of smoke.

18.4 *Ante-position*

Ce sens, voilà ce que nous allons tenter de mettre en pleine lumière.

It is this meaning that we shall attempt to make clear.

Nombreux sont les communistes qui s'interrogent.

A great number of communists have been given furiously to think.

L'idéologie la plus typiquement française, je ne la crois ni libérale ni socialiste.

If you ask me which is the most typically French ideology, I think it is neither liberal nor socialist.

Ces difficultés, il faut les traiter.

These difficulties really must be dealt with.

18.5 *Post-position*

Alors, il était inéluctable qu'ils s'affrontent, *ces groupes armés*.

So there was bound to be a confrontation between *these armed groups*.

Elle sera longue et dure, *la lutte contre l'inflation*.

The fight against inflation will be a long and hard one.

19 Expansion

19.1 *Of a noun*

Une imagination de Michèle

A figment of Michèle's *imagination*

Vous devez avoir une petite *insolation*.

You must have got *a touch of the sun*.

Cela commença par de très légères à peine

It all began with very slight, scarcely

perceptibles *fatigues*, tout à fait passagères, mais se répétant.	perceptible *sensations of fatigue*, short-lived but recurrent.
La *querelle* de la *laïcité*.	The *vexed question* of *undenominational schooling*.
La question du *nivellement*	The question of *levelling-down*
Dans le *déchaînement* contre le Premier ministre, au cours des dernières semaines, il a été peu question du contexte international.	In the *outburst of fury* against the Prime Minister, in the course of recent weeks, there has been little or no mention of the international background.
La réunion s'est terminée sur *un constat d'échec*.	When the meeting ended, *it was announced that no agreement had been reached*.
Un *chaland*.	A *prospective buyer*.
Jamais peut-être plus qu'en cette fin d'année 1920 n'avait été facile *le mouvement* des affaires et des idées.	Never perhaps more than at the end of this year 1920 had business *activity* and the *exchange* of ideas *flowed* so easily.
Dans chaque individu, le Tentateur pousse au *dérapage*.	The Tempter lures each individual to *take the first step on the slippery slope*.
Les académies de Bordeaux et de Poitiers sont en vacances.	*Schools in the regional educational authorities* of Bordeaux and Poitiers are on holiday.
Les Noirs américains ont conscience de leur *communauté* en même temps que de leur *exploitation*.	The American Negroes are alive to their *common estate* as well as to *the fact of their exploitation*.

19.2 *Of an adjective*

On y voit une volonté hostile et *néfaste*.	In this is seen a hostile intent *which bodes ill for the future*.
Peu de nourriture et *fort mauvaise*	Little food and *very poor at that/what there was was very poor*
Le médecin n'est pas très *fixé*.	The doctor hasn't quite *made up his mind*.
C'est un cinéaste qui réagit selon les vues partiales et *partielles* d'un tempérament individuel.	He is a film-maker reacting according to the biased and *necessarily limited* views of an individual temperament. ('*Partial*' *would be ambiguous*.)
Nous choisirons un avion qui sera *performant*.	We shall choose a 'plane *which has proved its worth*.
C'est une couleur qui a l'avantage d'être la moins *salissante* de toutes celles qui existent.	It is a colour which has the advantage of being of all colours that *which shows the dirt* the least.
Ces routes sont maintenant sablées et *praticables*.	These roads have now been sanded and are *open to traffic*.

19.3 *Of a past participle*

Le masque enfin *figé* d'un acteur	An actor with his features at last *set in* mask-like *immobility*
De nouveaux obus tombèrent, mais nul n'abandonna les places *reprises*.	Fresh shells fell, but nobody left the place *they had returned to now*.

Des hommes *strictement cravatés*	*Correctly-dressed* men wearing *collar and tie*
Cette mer *fouettée* par toutes ces rames	This sea, *whipped into foam* by all these oars
L'attentat n'a pas été encore *revendiqué*.	*Responsibility* for the attack has not yet been *claimed*.
Ce mort *aimé*	This dead man *we had loved*

19.4 Of a verb

Représentants, maraîchers, médecins, sage-femmes, vétérinaires, curés de campagne, etc., *se deplaçant beaucoup en ville et à la campagne.*	Commercial travellers, market gardeners, doctors, midwives, veterinary surgeons, country priests etc., *all having a considerable amount of travelling to do, in both town and country.*
De sorte que *coexistent* désormais autour des villes le monde miniscule des pavillons et le monde démesuré des 'blocs'.	With the result that, nowadays, all round the big cities, the diminutive world of detached houses and the gigantic one of 'tower blocks' *live cheek by jowl.*
Ils achètent de l'or *pour voir venir.*	They are buying gold *to see how the situation develops.*
Antoine marcha cinq minutes, puis s'arrêta comme un homme qui *a trouvé.*	Antoine walked for five minutes, then stopped like a man who *has found what he is looking for.*
Il y avait des allées sablées où les femmes d'une autre époque auraient pu *déployer* des robes de cérémonie.	There were gravel walks whereon women of a bygone age could have *shown off to full advantage* their ceremonial dresses.
Tout autour de la péninsule, une ceinture d'écume blanche *oscillait.*	All around the peninsula, a girdle of white foam *flowed this way and that.*
Pour *matraquer* l'opinion publique, les propagandistes officiels disposent d'un budget considérable.	*To club* public opinion *into conformity*, official propagandists have a considerable budget at their disposal.

19.5 Of a demonstrative pronoun

Les couleurs qui dans la nature se placent dans la profondeur de l'espace, réclament un placement différent sur une surface plane, que ce soit *celle* des peintres ou des photographes.	Those colours which in nature are placed in three-dimensional space, require a different placing on a flat surface, whether it be the painter's *canvas* or the photographer's *paper*.

19.6 Of an adverb

La loi de la concentration n'a conduit *ici* qu'à des effets modérés.	*This is a case in which* the effects brought about by the law of concentration have been only on a moderate scale.

La poésie de Kathleen Raine *fait songer* aux enchantements de Shelley.	Kathleen Raine's poetry *evokes* Shelley's magical spells.
La faim *fait oublier* l'amitié.	Hunger *obliterates the claims* of friendship.
Le mauvais temps *fait et fera parler* de lui.	The inclement weather *is and will continue to be the main topic of conversation.*
Cette lettre *fait rebondir* l'affaire.	This letter *gives a new impetus to* the affair.
La métaphore est une figure par laquelle l'esprit applique le nom d'un objet à un autre, grâce à un caractère commun qui *les fait rapprocher.*	Metaphor is a figure of speech whereby the mind applies the name of one object to another, by reason of a common characteristic which *draws* them together.
Les gens s'amusaient à *se faire balancer* sur sa suspension particulièrement souple. (La 2 CV)	People took great delight in *rocking up and down* on its remarkably supple suspension. (The Citroën 2 CV)
Que de questions *fait se poser* votre questionnaire!	What a lot of questions your questionnaire *induces!*
Les réactions des syndicats *firent frémir* les patrons.	The unions' reactions *sent a shudder down the spine of* the bosses.

21 General → Specific

This change in semantic category seems more common in this direction than the reverse; see section 49.

21.1 *Nouns*

Un *bruit* de branches cassées	A *crackling* of branches
Le *bruit* cadencé des rames	The rhythmic *splash* of the oars
Le *bruit* des poubelles remuées	The *clatter* of dustbins being moved
Le *bruit* éloigné du petit train	The distant *chugging* of the little train
Un *bruit* de verre brisé	A *tinkling* of broken glass
Les *cris* des bêtes	The *squeals* of the animals
Les *pas* sourds d'un cheval sur les planches du pont de bateaux	The muffled *hoof-beats* of a horse on the planks of the pontoon bridge
La *sonnerie* éclatante d'un marteau sur une enclume	The resonant *clang* of a hammer on an anvil
Les *dents/pointes* d'une fourche	The *prongs* of a fork
Les *mouvements* convulsifs de l'ivresse furieuse	The convulsive *twitchings* of drunken fury
Il faut pratiquer une brèche profonde dans le *mur* construit par l'éducation classique et rationaliste qui nous divise d'avec nous-mêmes.	We must make a wide breach in the *barrier* of classical rationalist education which divides us from ourselves.

Lequel est le plus important du pain ou des *jeux*?	Which is the more important: bread or *circuses*?
Il s'est produit une *détérioration* notable *du climat* au niveau des *entreprises*.	There has been a marked and *growing discontent* at *shop-floor* level.

21.2 *Verbs*

Il *porta* la main à sa nuque.	He *clapped* his hand to the back of his neck.
Ses petits yeux gris semblaient prêts à lui *sortir* de la tête.	His little grey eyes looked as if they were about to *pop out* of his head.
Les nuages *couraient* sur la lune enflammée.	The clouds were *scudding* over the fiery moon.
Une branche qui *partait* du tronc de l'arbre	A branch that *forked* from the trunk of the tree
Bientôt un chien *descendit* le coteau *avec la rapidité d'une flèche*.	Soon a dog came *darting down* the hillside.
Des oiseaux *battent mollement*, lentement des ailes.	Birds are slowly *flapping* their wings.
Je regardais la vaste salle au parquet brillant où *tournaient* les premiers danseurs.	I was looking at the huge hall with its highly polished floor on which the first dancers were *gyrating*.
Des mèches folles *sortaient* de son bonnet.	Wisps of hair *peeped* from under her cap.
Nous *avons remonté* l'embouchure d'un grand fleuve.	We *sailed up* the mouth of a great river.
Le soir *venait* rapidement.	Evening *was* quickly *closing in*.
L'eau calme et peu profonde venait *battre* la rive d'un flot paresseux.	The calm shallow water came lazily *washing up to* the bank.
Le fond de la tranchée est tapissée d'une couche visqueuse d'où le pied *se décolle* à chaque pas *avec bruit*.	The bottom of the trench is carpeted with a layer of slime which *squelches* under your foot at each step you take.
Sa bouche sensuelle, charnue *se tordit* légèrement.	His full sensual lips *twitched* slightly.
Je m'accoutumai à *renfermer* en moi-même tout ce que j'éprouvais.	I became accustomed to *bottling up* within myself everything that I felt.
L'enfant *traîna les pieds* à reculons.	The boy *shuffled* backwards.
Le fuselage *sonna* sous une rafale.	The fuselage *rattled* under a burst of fire.
On le *pressa* de questions.	He was *bombarded* with questions.
Quelques taches rousses *annonçaient* l'arrière-saison.	A few russet patches *heralded* the late autumn.
Les bœufs tirent avec peine ces chariots comme si le sol *s'attachait* aux roues.	The oxen can hardly draw these carts, as if the soil *was clinging* to the wheels.
La Ville vorace! Elle *avance*, elle *pousse*, elle *gagne*.	The voracious city! *forging ahead*, *expanding* and *gaining ground*.

21.3 *Adjectives*

Les loups *voyageurs*	The *roaming* wolves
C'est un marché très *porteur*.	It is a very *buoyant* market.
Un des arbres *brûlés* restés debout	One of the *charred* trees still standing

Son bras gauche le faisait cruellement souffrir et *il lui* semblait qu'il soutenait un poids énorme.

His left arm was hurting terribly and *he felt* as if he were supporting an enormous weight.

Il me semble être estimé de tout un chacun.

I dare say I am well thought of by all and sundry.

Les détails ne finiraient pas et d'ailleurs il ne faut pas tout vous dire.

If I went into details, I should never finish and besides I must not tell you everything.

Il vous est arrivé plus d'une fois dans la nuit de mettre le pied sur une marche d'escalier imaginaire.

More than once, in the darkness, *you have had the experience* of putting your foot on a stair that was not there.

23 Impersonal use of verbs

Il n'existe aucun rapport entre la poussée du vote socialiste et le degré de prospérité des divers départements français.

No relationship exists/There is no relationship between the upsurge in the socialist vote and the degree of prosperity in the different French 'départements'.

Du brick *il ne restait plus rien.*

Of the brig *nothing now remained.*

Reste à ce propos qu'il est difficile désormais à un membre de la Communauté de 'revenir en arrière'.

The fact remains, in this connection, that it will be difficult henceforward for a member of the Community to 'back out'.

Il règne un climat de tension et de suspicion.

A tense suspicious atmosphere *prevails.*

Il convient de dessiner sur la glace une sorte de triple huit.

The requirements are to trace a kind of triple figure of eight on the ice.

Tout reprit comme avant, sans qu'*il fût fait allusion* à ce qui s'était passé.

Everything resumed as before, *without any allusion being made* to what had happened.

La loi prévoyait qu'*il serait fourni* à tout instituteur communal un local pour la classe et l'habitation.

The law laid it down that every village schoolmaster *should be provided with* premises for the school and living accommodation.

Il a été convenu ce qui suit.

The following *has been agreed.*

Voilà une question sur laquelle *il a été beaucoup parlé* hier.

That is a question which *was much talked about* yesterday.

Il a été reproché à l'équipe gouvernementale de manquer de cohésion.

The government team *has been blamed* for its lack of cohesion.

Il n'a pas été fait de choix définitif entre ces deux hypothèses.

No final choice has been made between these two options.

C'est la première fois qu'*il est fait état* de victimes françaises.

It is the first time that French casualties *have been reported.*

Il se fit une série de gestes utiles et inutiles.	*There was* a series of movements, helpful and unhelpful.
Il se voit des juifs dans toutes les professions libérales. *Il s'en voit* dans toutes les carrières.	*There are* Jews *to be found* in all the liberal professions. *There are some to be found* in all walks of life.
Il se faisait, à cette heure, une magie dans la forêt.	At this time of day, *there was* magic *afoot* in the forest.
Le cent millième visiteur a été fêté, *comme il se doit.*	The one hundred thousandth visitor was given a special welcome, *as is only right.*
Il s'est dit des choses intéressantes.	Interesting things *were said.*
Le théâtre est contestataire par essence. Plus il est naïf et plus *il s'en dégage* de leçons.	The theatre is, in its very essence, a vehicle of protest. The more simple-minded it is, the more lessons *are to be drawn* from it.
Il se versait des petits verres.	'Drams' *were being* poured out.

It will be seen that verbs used impersonally may often be the equivalent of an English passive.

24 'Learned' vocabulary → 'Everyday' vocabulary

Because English can draw on two stocks of vocabulary, the Anglo-Saxon and the Latin (via Anglo-Norman), the translator has often a choice between a word which, in English, seems 'ordinary' or 'everyday' and another which seems 'learned'. So 'un pyromane' may be rendered either as 'a pyromaniac' or, more usually, as 'a fire-raiser' or even 'a fire-bug'. On the other hand, 'un véliplanchiste' will have to be 'a wind-surfer' and 'une congère' 'a snow-drift'. It is this second case which will now be considered.

24.1 *Nouns*

Un deltaplane Un mélomane	A hang-glider A music-lover
La francophonie	The French-speaking world
Une éphéméride	A tear-off calendar
La suralimentation	Over-eating
La *dégradation* du service postal	The *falling-off* in the postal service
Nous serrons *l'actualité* de près.	We keep up to date with *the news.*
La matérialisation de notre rêve	Our dream *that has taken shape*
L'ordinateur raisonne toujours juste sur n'importe quelles données et cette intolérance contraint l'intelligence humaine à une *ascèse* nouvelle.	The computer makes unerring deductions from any given data and such intolerance subjects human intelligence to a new and *harsh training.*
Il a gardé une très grande autorité sur toutes les *ethnies.*	He has maintained great authority over all the *racial groups.*
C'étaient des émigrants italiens avec leurs	They were Italian emigrants with their

femmes et leurs *progénitures*.

wives and *offspring*.

L'économie des pays de l'Est est encore une économie de *pénurie*.

The economy of the Eastern block countries is still a *shortage* economy.

Ce sont des *polyglottes*.

They are *good linguists*.

Il jeta un regard autour de lui pour examiner la *topographie* du terrain.

He took a look around to examine the *lie* of the land.

Il nous sera impossible de maintenir en place *l'intégralité* de notre personnel.

We shall be unable to retain *the whole* of our staff.

Un salaud *intégral*

A *complete and utter* cad

Il ne pourra pas être suivi par *la totalité* des pays non-alignés.

All of the non-aligned countries will not be able to follow him.

Il n'avait guère *l'envergure* d'un ravisseur.

He was not really *the stuff* of which a kidnapper is made.

France-Inter vous donnera tous les détails sur *l'enneigement* des stations de ski.

France-Inter will give you all the details about *the depth of snow* in the ski resorts.

Un citoyen d'un pays industrialisé consomme, en moyenne, quarante fois plus de pétrole que son *homologue* du tiers monde.

A citizen of an industrialised country uses, on average, forty times more oil than his *opposite number* in the Third World.

Ils craignent deux mille *suppressions* d'emploi.

They fear two thousand job *losses*.

Ils sont licenciés *par priorité en cas de difficultés économiques*.

They are *the first* to be laid off *when times are bad/in hard times*.

On a dû jouer *les prolongations*.

Extra time had to be played.

24.2 *Verbs*

La hausse de prix du pétrole *sera répercutée* à la pompe.

The oil price-rise *will be passed on* at the petrol-pump.

Voici une occasion de *sensibiliser* les Français à la nécessité de protéger le littoral.

Here is an opportunity *to bring home to* the French people how necessary it is to protect the coast-line.

Pourtant la monotonie de cette Judée stérile *triomphait* peu à peu de leur exaltation.

However the monotony of this barren Judea *was* gradually *getting the better of* their excitement.

Il y a la possibilité de *vous concerter*.

You may *talk it over together*.

La neige *a provoqué* d'importantes difficultés de circulation.

The snow *has brought about* major traffic difficulties.

Nous sommes orientés vers l'exportation.

We are geared to the export markets.

On ne peut pas *déroger* à la qualité sans dévaloriser les diplômes.

You cannot *lower* standards without devaluing the degrees.

De nouvelles accusations furent *formulées*.

New charges were *drawn up*.

Le capitaine *augura* que l'ours avait peut-être aussi peur de lui qu'il avait peur de l'ours.

The captain *felt* that the bear was possibly as much afraid of him as he was of the bear.

La salle d'attente et le buffet *ont été pulvérisés*.

The waiting-room and the refreshment room *were reduced to rubble*.

Des jeunes filles chantaient de vieux airs

Young maidens were singing ancient lays

transmis par leurs mères. — *handed down* to them by their mothers.

L'informatique va *se diffuser* de plus en plus dans les entreprises. — Data-processing is going *to be used* more and more *widely* in businesses.

Les camions de ramassage de lait pourraient *diffuser* la fièvre aphteuse. — Milk collection lorries might *spread* the foot-and-mouth disease.

24.3 *Adjectives and past participles*

Une centaine de secousses *tellurgiques* — About a hundred *earth* tremors

Des incidents *ponctuels* — *Isolated* incidents

Des difficultés *ponctuelles* — *Local* difficulties

Les Français ont raison de se détourner de cette bagarre *subalterne*. — The French are right to pay no attention to this *minor* clash.

La mesure *est un peu aberrante*. — The measure *does not make much sense.*

Une retraite *anticipée* — An *early* retirement

A la Bourse de Paris, une journée calme mais *bien orientée*. — On the Paris Stock Exchange, a quiet day, but *with a slight upward trend.*

Nous assistons au début d'une ère nouvelle, celle des transmutations *provoquées*. — We are witnessing the beginning of a new era, that of *man-made* transmutations.

Le chômage *partiel* — *Short-time* working

Tous les pays *riverains* du Golfe Persique sont inquiets. — All the countries *along* the Persian Gulf are uneasy.

L'autre jour, j'ai trouvé ma voiture *fracturée*. — The other day, I found that my car had been *broken into.*

Ce sont des gens qui connaissent bien le monde *hippique*. — They are people who are well acquainted with the *(horse) racing* world.

4.4 *Phrases*

Un *stimulateur cardiaque* — A *pace-maker*

La tâche des bureaux de recherche et de 'marketing' est justement de *suivre l'évolution* des goûts du consommateur. — The task of marketing research organisations is *to keep track of the trends* in consumer taste.

Une jeune fille frappée à la tête par une balle est *en réanimation* a l'hôpital. — A girl shot in the head is *in the intensive care unit* of the hospital.

Aucune partie du monde ne peut vivre *en autarcie*. — No part of the world can *meet its own economic needs.*

Un terrorisme *tous azimuths* — A *mindless* terrorism

Les zones de ciel bleu sont *en régression*. — Areas with blue skies are *becoming fewer.*

L'avocat général a demandé *la réclusion à perpétuité* contre X. — The assistant public prosecutor asked for *life imprisonment* for X.

Ils vont essayer de noyauter le syndicat pour l'amener *à résipiscence*. — They are going to try to infiltrate the union to bring about *a change of heart.*

Les Cercles Celtiques se donnent pour but de remettre en honneur les costumes, les chants, les danses, les jeux de leur tradition paysanne, visiblement *en perdition*. — The Celtic Circles aim to bring back to favour the traditional country costumes, songs, dances and games which are obviously *in a bad way/on the way out.*

The translation of metaphors constitutes an area of shades and half-shades. Even where the concept is somewhat similarly expressed in the two languages, there are often subtle differences and literal translation is rarely possible.

Some proverbs provide an apt example. In the British constitutional monarchy, a cat may well gaze, unabashed, upon the sovereign and there is the well-authenticated case of one of our feline friends travelling to London specially to see the Queen. In republican France, it would seem that cats may move in the highest ecclesiastical circles and remain equally unabashed in the episcopal presence: 'Un chat regarde bien un évêque'.

Or consider male formal attire: the jacket, this side of the Channel, is looked upon as a *swallow*-tailed coat; on the other side, it is 'une queue de *pie*'. It may well be argued that the swallow is a more elegant bird than the magpie, but the translator must cast personal preference aside and see it the French way.

La vie politique a été *mise en parenthèse*.	Political life has been *temporarily suspended*.
Les organisations juives ont demandé au président de *se démarquer* de ces propos.	The Jewish organisations have asked the President to *dissociate himself* from these remarks.
Les avions-radar *font une noria* constante.	The radar 'planes are constantly *in the air/operationally deployed*.
Le passage à vide des entreprises	The *slackening of activity* in firms
Les délégués vont *passer au crible* la politique économique et sociale du gouvernement.	The delegates will be *going through* the government's economic and social policy *with a fine-tooth comb*.
Toute la vie sera *passée au crible* à notre micro.	Every aspect of life will be *completely covered* by our radio station.
Il ne faut pas que l'Année Internationale des Handicapés soit *un feu de paille*.	The International Year of the Disabled must not be *a mere flash in the pan*.
France-Inter va *mettre les bouchées doubles* pour annoncer les résultats.	France-Inter is going to *pull out all the stops* to bring you the results.
Les élections ont démontré dans plusieurs pays que les partis socialistes étaient *en perte de vitesse*.	Elections in several countries showed that the socialist parties were *losing ground*.
Cette candidature sera *dans le droit fil* de ses idées.	This candidature will be *strictly in line with* his ideas.
Cette cassure apparaît *en filigrane* dans l'armée libanaise.	This rift appears *just beneath the surface* in the Lebanese army.
La Corse est une île, pas besoin de *faire un dessin*.	Corsica is an island, there's no need *to spell it out/to labour the point*.
Ce sont surtout le commerce et les services qui ont profité de la libération	The chief beneficiaries of the unfreezing of prices have been the shopkeepers

des prix. *La palme* revient aux boulangers: une hausse moyenne du pain de 22 pour cent.

Les Etats-Unis, terre *sillonnée* d'ouvriers au volant de six-cylindres.

Pour le moment, nous en sommes *à l'ABC* de l'informatique.

Le mouvement de grève *a fait tache d'huile.*

Le bandit a disparu *dans la nature.*

Un programme *minimum* (à la TV)

Un visage *parcheminé*

La France *profonde* s'intéresse peu aux prétendus scandales.

La Confédération Générale du Travail est *la courroie de transmission* du parti communiste.

On *a fait le pont* du Nouvel An.

Il y a *un volant* de chômeurs très important.

On craint que la colère ne *débouche* sur la violence.

Mais, ce faisant, ne joue-t-il pas avec le feu, tant ce genre de situation risque de *déraper?*

Des classes *de niveau*

Des médecines *de niveau*

Les sociétés de multipropriété proposent des systèmes d'échanges ou de doubles locations. Ce groupe *est le plus performant* sur ce point.

La météo *ne nous fait pas de cadeaux.*

Les *faits marquants* de la journée.

La *puce* électronique

Le cinéma a substitué au plateau d'un théâtre le 'champ', l'espace qui sera limité par l'écran, que le metteur en scène choisit au lieu d'en être *prisonnier.*

Le pays *subit les retombées* de la crise économique mondiale.

Ses discours *enfiévraient* les ouvriers.

Un *blocage* des salaires

Il *ouvrira le dossier* du logement avec le ministre de l'Environnement.

Il *a plaidé le dossier* de sa politique d'austerité.

Il tentait d'influencer ceux qui entraient

and service industries. *The prize* goes to the bakers: an average increase in bread prices of 22 per cent.

The USA, a land *traversed in all directions* by workers driving six-cylinder cars.

At the present time, data-processing is *in its infancy.*

The strike movement *has snowballed.*

The bandit vanished *into thin air.*

A *skeleton* service (on TV)

A *wizened* face

The *real* France is not very interested in alleged scandals.

The CGT is *the carrier pigeon* for the Communist party.

We *had extra days holiday* at New Year.

There is a quite considerable *reserve* of unemployed *available.*

It is feared that anger may *give way* to violence.

But, in doing this, is he not playing with fire, so easily could this kind of situation *get out of hand?*

Setting/'Ability grouping'

Two-tier medical care

The co-ownership organisations offer schemes of exchange or double booking. This group *has the best track-record* on this score.

The weather forecast *is not spoiling us/is not letting us off lightly.*

The *highlights* of the day.

The silicon *chip*

The cinema has replaced the theatre set by the 'field', the space which has the screen for its limits, which the director can choose, instead of being a *slave* to it.

The country *is feeling the backlash* of the world economic crisis.

His speeches *inflamed* the workers.

A wage-*freeze*

He will *take up the housing question in detail* with the minister of the Environment.

He *defended* his austerity policy *point by point.*

He would attempt to influence those who

en contact avec lui, quelque *ancrés* qu'ils fussent dans leurs propres convictions.	came into contact with him, however *firmly rooted* they might be in their own convictions.
C'est une *affirmation gratuite.*	It's *guesswork/pure speculation.*
Il nous faut quelqu'un qui se charge de *dire leurs quatre vérités* à ces gens qui *tiennent le haut du pavé.*	We need someone who will undertake to *tell a few home truths* to these people who *are always lording it/laying down the law/pontificating.*
Le colloque est *axé* sur la prévention de la pollution.	The symposium is *centred* on the prevention of pollution.

25.1 *Part → Whole*

Un miniscule hameau de quelques *feux*	A tiny hamlet of a few *homesteads*
L'heure était à l'euphorie.	It was *a time* of optimism.
André Siegfried avait bien montré, vers 1913, dans son 'Tableau politique de la France de l'Ouest' à quel point la Bretagne vivait encore à *l'heure* de l'Ancien Régime.	André Siegfried had clearly shown, in about 1913, in his 'Political Portrait of Western France' to what extent Brittany was still living in *the age* of the Ancien Régime.
Cela ressemblait à un chaos d'images dans *une pensée* hallucinée.	It was like chaotic images in *a mind* subject to hallucinations.
Il n'avait pas même griffonné un *petit mot* à mon intention.	He had not even scribbled a *little note* for me.
La *page* est déjà tournée.	The *chapter* is now closed.
Elle a ri à s'en décrocher la *mâchoire.*	She laughed her *head* off.

25.2 *Whole → Part*

Dès le petit jour, les portières du train se sont garnies de *têtes* curieuses.	At the first break of day, inquisitive *faces* filled the train windows.
Avec sa *bouche* mince et son nez fort, il ressemblait à un cowboy.	With his thin *lips* and prominent nose, he looked like a cowboy.
Vieux comme le *monde*	As old as the *hills*

25.3 *Sometimes the nearest equivalent is weaker than the original.*

Les prés étaient *inondés* de rosée.	The meadows were *drenched* with dew.
Quand il dirigea vers eux son dur et meurtrier regard, il n'y avait personne qui ne sentît le *froid* de l'acier.	When he turned his hard and murderous gaze upon them, there was no one who did not feel the *chill* of steel.
L'opération de *sauvetage*	The *relief* operation
Contre une tentative réformiste, les révolutionnaires *tirèrent à boulets rouges.*	The revolutionaries *laid into* the attempted reformist tendency *tooth and nail.*
Les organisations terroristes constituent par leurs exploits des modèles pour tous ces voyous ou apprentis gangsters *en mal d'*imagination.	Terrorist organisations, by their exploits, provide a model for all these thugs and apprentice gangsters who are *lacking in* imagination/*short of* imagination.

Il *s'insurge* contre l'Europe supranationale.	He *stands out* against a super-national Europe.
Si les dépenses augmentent, les recettes *plafonnent*.	If expenses are increasing, receipts *remain stationary*.
Comment arriver à *juguler* l'inflation ?	How shall we manage to *curb* inflation ?
Les *déesses* de la mode	The fashion *queens*
Même les grands *ténors* politiques n'ont pas déplacé les foules	Even the big *names* in politics have not packed in the crowds.
Des *nappes* de brouillard	Fog-*patches*

5.4 *Sometimes the nearest equivalent is stronger than the original.*

La *flambée* des prix	The price *explosion*
J'ai été *saisi* et presque *étourdi*.	I was *shocked*, almost *stunned*.
Je les regardais avec des yeux de *pauvre*.	I would look at them with the eyes of a *beggar*.
Une odeur m'*envahit*.	A smell *overcomes* me.
Quand je voyais commencer une belle journée, mon premier souhait était que ni lettres ni visites n'en vinssent *troubler* le *charme*.	When I saw a beautiful day dawning, my first wish was that neither letters nor visits should arrive to *upset* its *enchantment*.
Au fil des échecs successifs, la direction a décidé de fermer l'usine.	*In the wake* of successive set-backs, the management has decided to close down the factory.
Plusieurs *infusions* massives de deniers publics	Several massive *injections* of public money
Les hommes d'affaires occidentaux commentent inlassablement la magie de ces relations humaines que les Japonais savent cultiver et manipuler pour que les hommes *tournent* sans jamais s'enrayer.	Western business men are never tired of commenting on the magical nature of these human relationships which the Japanese are so good at cultivating and manipulating so that men *run like clockwork* with never a hitch.
Ses ravisseurs n'étaient pas des *enfants de chœur*.	His kidnappers were no *angels*.
Deux truands *chevronnés*	Two *seasoned* criminals/*old lags*
Les vagissements de l'abîme et ceux du vent faisaient *battre* le cœur aus plus intrépides matelots.	The wailings of the deep and of the wind made the most fearless sailor's heart *pound*/*miss a beat*.

26 Multiple equivalence in some commonly occurring words and expressions

A number of words and expressions of high frequency have a variety of equivalents, according to context, some of which are quite far removed from the 'primary' meaning.

.1 'S'agir'

Il ne s'agissait plus cette fois de jeunes	This time it was not *a case* of young

gens et d'étudiants manifestant pour la paix.

people and students demonstrating in favour of peace.

Il s'agissait des trois consuls d'Uruguay, d'Autriche et du Salvador.

The three consuls *concerned* were those of Uruguay, Austria and El Salvador.

A l'intérieur il s'agit essentiellement de l'avenir de la Fédération et de la Francophonie.

The main domestic *issues concern* the future of the (Canadian) Federation and the French-speaking community.

Voilà pourquoi j'ai pu me rendre compte plus facilement que la plupart de quoi il s'agissait.

That's why I was able to grasp what *it was all about* more easily than most people.

Il ne s'agit plus de parler, mais d'agir.

It is no longer the time for talking, but for acting.

Il s'agit en effet de bien autre chose que de l'invention d'une arme nouvelle.

This involves something quite other than the invention of a new weapon.

S'agissant de la loi d'amnestie, elle vise ceux qui ont été condamnés à de très petites peines.

As far as the amnesty law *is concerned*, it is directed towards those who have received light sentences.

Il ne s'agit pas d'une différence de taille, mais de structure.

The difference *lies* not in the size, but the structure.

Il s'agissait d'une marche solennelle de la place des Ternes au consulat soviétique.

The operation took the form of a solemn procession from the place des Ternes to the Soviet consulate.

Il s'agit d'une véritable démythification.

The aim is here to explode a myth.

Il s'agit d'une société à part qui a ses coutumes, son orgueil et ses lois.

Here we have a separate social group with its customs, its pride and its laws.

Ne s'agit-il pas d'une puissante revendication de la plénitude?

Isn't this really a powerful claim for the right to self-fulfilment?

Pour les uns, il s'agit d'une manœuvre de strangulation de la presse.

Some see in this a manoeuvre to strangle the press.

'Qu'est-ce que vous penseriez de "La France d'en haut"? Il s'agit du titre.'

'What would you say to "France from on high"? *I mean, for* the title.'

Les indications qui m'ont été données, s'agissant du chômage, ne sont pas bonnes.

The figures which have been given me, *with regard to* unemployment, are not encouraging.

Le pays a voté socialiste. Mais de quel socialisme va-t-il s'agir?

The country has voted socialist. But what kind of socialism *is it to be*?

26.2 'Beau'

Un beau geste

A *noble* act

Une belle réussite

An *outstanding* success

Les soldats opposèrent une belle résistance.

The soldiers put up a *gallant/stout* resistance.

Si tu recommences, tu auras une belle paire de gifles!

If you do that again, you'll get a *good* slap!

Mr Mack avait un beau magasin dans une belle rue.

Mr Mack had a *smart* shop in a *smart* street.

La police a fait un beau coup de filet.

The police made a *highly successful* raid.

Les bombardements ont repris de plus belle.

The bombings have resumed *even more fiercely*.

26.3 'Bien'

La commission a confirmé que les massacres ont bien eu lieu.

The committee confirmed that the massacres *really* did take place.

Cette fois ils s'agissait bien d'ouvriers descendus des Midlands irrités par les licenciements.

This time *in fact* it was a case of workers who had come all the way from the Midlands, angry at the sackings.

Je suis bien obligé de recevoir.

I *just* have to entertain.

Je mangerais bien quelque chose.

I *wouldn't mind* having a bite to eat.

Il entend bien ne pas avoir à déménager.

He *fully* intends not to have to move house.

Qu'est-ce que vous pouvez bien fabriquer rue Royale?

What are you up to in the rue Royale, *I wonder?*

S'ils s'y prennent bien

If they set about it *in the right way*

Etes-vous bien devant votre micro?

Are you *close up* to your microphone?

Sans bien expliquer pourquoi

Without explaining *very clearly* why

En fait, il semble bien que ce que ce pays cherche à obtenir est la victoire militaire et non pas une paix négociée.

In point of fact, it seems *quite clear* that what this country is seeking to achieve is military victory and not a negotiated peace.

Or, ce tableau veut bien dire quelque chose.

Now, this picture *certainly* means something.

La plupart des ambassadeurs ont bien été rappelés dans leurs capitales respectives, mais les chargés d'affaires sont revenus discrètement depuis plusieurs mois.

Most ambassadors were *duly* recalled to their respective capitals, but the chargés d'affaires came back discreetly several months ago.

Comment bien remplir votre déclaration de revenus

How to fill in your income tax return *correctly*

Un cochon bien gras

A *nice* fat pig

'Je me demande si je ne ferais pas mieux de l'avertir.'

'I wonder if I wouldn't do better to warn him.'

'Gardez-vous-en bien!'

'Avoid that *at all costs!*'

26.4 'Bon'

Site classé! Belle vue! Bon air!

Protected site! Fine prospect! *Bracing* air!

L'autorité n'est-elle pas nécessaire au bon fonctionnemont des sociétés?

Isn't authority necessary for the *smooth* working of societies?

De bons professeurs de Droit mettent Adam Smith en équations.

Worthy Law professors are setting out Adam Smith in the form of equations.

Gore Vidal nous décrit la Floride de la bonne société.

Gore Vidal describes for us *high*-society Florida.

Ces traits de sagesse demeurent comme endormis en un pli de la mémoire, pour s'éveiller au bon moment.

These wise sayings remain as it were dormant in a fold of one's memory, but they will awaken at the *appropriate* moment.

Le bon sondage, c'est le résultat des élections.

The (only) *reliable* opinion poll is the election result.

Les bonnes feuilles de l'ouvrage publiées au début de la semaine par le 'Daily Mail' font évidemment sensation.

The (*pre-publication*) *extracts* from the work appearing at the beginning of the week in the 'Daily Mail' have obviously been a sensation.

There is also a curious use of 'meilleur':

Cette mesure sera votée dans les meilleurs délais.

This measure will be put to the vote as quickly as possible.

26.5 'Ce' + noun + 'si' + adjective

Notre objectif, c'est de battre les part-isans de *cette* politique *si* catastrophique.

Our object is to beat the supporters of *such a* catastrophic policy.

Cet élément *si* compliqué

Such a complicated element

Ce zèle *si* délicat sur la réputation des morts s'embraserait bien pour dé-fendre celle des vivants.

Such a scrupulous zeal concerning the reputation of the dead would certainly be hot to defend that of the living.

Comme si *cette* netteté *trop* grande n'etait possible qu'en peinture

As though *such* excessive distinctness were only possible in painting

Ces siècles *si* mal connus que nous ap-pelons le haut moyen âge.

Those *curiously* little known centuries which we call the Early Middle Ages.

La production mondiale d'interféron ne dépàsse pas deux grammes. Et pour-tant nous possédons tous, en nous-mêmes, de quoi fabriquer *cette* molécule *si* convoitée.

The world production of interferon does not exceed two grammes. And yet we all possess, within ourselves, this *highly* coveted molecule.

A similar case occurs with demonstrative pronouns.

Il ne semble pas que *ceux des* animaux qui émettent des cris variés manifestent des comportements d'où nous puis-sions inférer qu'ils se transmettent des messages 'parlés'.

It does not seem as if *such* animals as emit a variety of cries manifest any behaviour that would justify us in inferring that they are transmitting 'spoken' messages.

26.6 'Combien'

A literal translation of 'combien' is not always acceptable in English.

Cet abominable style mesure combien Carlyle est dupe de soi-même.

This abominable style measures *the extent of* Carlyle's self-deception.

On voit combien les accords d'Helsinki sont bafoués.

It can be seen *to what extent* the Helsinki agreements are flouted.

C'est une situation difficile mais une situation oh combien nouvelle, oh combien porteuse de changements possibles.

It is a difficult situation but a situation which is *so* new, *so* pregnant with possible changes.

Nous suivons ainsi les méandres d'un

We thus follow the meanderings of a

destin dont le caractère ô combien exceptionnel a masqué les failles et les graves faiblesses.
C'est une tâche noble, mais combien difficile.

destiny whose *outstandingly* exceptional character has hidden the faults and the serious mistakes.
This is a noble task, but *such a* difficult one.

26.7 'Davantage'

Mais en tentant de voir le plus loin les conséquences, nous comprenons davantage la partie colossale qui est en jeu.

But by attempting to foresee the consequences as far into the future as we can, we realise *more clearly* the colossal stakes that are to be played for.

L'homme semble ne pas comprendre. Garine répète l'ordre. L'homme ne bouge pas davantage.

The man does not seem to understand. Garine repeats the order. The man *still* does not move.

Heureusement pour la majorité que, dans les bataillons d'en face, la discipline ne règne pas davantage.

Luckily for the majority, in the enemy ranks, discipline is *equally* lacking.

26.8 'Déjà'

Alors surgissait une créature dont le nom, déjà, dans cette patinoire, était un chef-d'œuvre: Polaire!

Then there would come into view a character whose name was *in itself*, admirably suited to this ice-rink: Polaire!

Sur la terre ferme, elle ne doit déjà pas être gauche, mais sur la glace, c'est le comble de la prestesse légère.

She cannot be ungainly *even* off the ice, but on ice she is the acme of light lissomness.

J'étais déjà à quelques kilomètres de la ville lorsque je crus entendre un roulement sourd.

When *quite* some kilometres away from the town I thought I heard a dull rumbling sound.

Comment s'appelle-t-il déjà?

Whatever is his name?

26.9 'Falloir'

Il faut juger au millimètre près non seulement la perfection des cercles tracés par la concurrente, mais l'entaille faite dans la glace.

It is not only the perfection of the circles traced by the competitor that *must be* assessed, but also the mark cut in the ice.

Ce rélèvement se heurte à des difficultés qu'il faut bien mesurer.

This recovery is coming up against difficulties that *have to be* carefully assessed.

Il faut s'attendre à une évolution orageuse.

A change to stormy weather *is to be* expected.

Il faut une cuisson vive et rapide pour bien faire.

You need a quick heat to cook it properly.

Est-ce voix qu'il faut dire?

Should it be called a voice?

Il faut avouer que le pauvre Frédéric ne faisait pas grande mine.

It must be admitted that poor Frédéric did not cut much of a figure.

Il ne faudrait pas croire pourtant que

It would be wrong to think however that

Giacometti se livre dans son art à de pures spéculations abstraites.

Giacometti in his art indulges in purely abstract speculations.

Il faut lire les pages savoureuses que l'auteur consacre aux artisans—commerçants de la mangeaille.

Well worth reading are the delectable pages that the author devotes to the artisan—tradesmen in foodstuffs.

26.10 'Fort'

L'argument est fort.
Il va développer un autre thème fort.

That is a *telling* argument.
He is going to exploit another *major* theme.

Le panel des 'Témoins de l'Express' révélera ainsi les temps forts de la campagne électorale, ceux qui font basculer les indécis.

The panel of 'Witnesses of l'Express' will thus reveal the *crucial* moments of the electoral campaign, those which make the 'don't knows' fall one side or other of the fence.

26.11 'Grand'

Un grand vent
Le grand air
Les grands axes
Un grand commis de l'Etat
Une grande personne
Une grande surface
La grande presse hebdomadaire
Il avait grand air.
Il avait un entregent que l'usage du grand monde lui avait donné.

A *high* wind
The *open* air
The (main) *trunk* roads
A *senior* civil servant
A *grown-up*/an *adult*
A *hypermarket*
The *serious* weeklies
He looked *really imposing*.
He had a worldly wisdom acquired by moving in *high* society.

26.12 'Gros'

Un gros baiser
Un gros rire
'Grandes vacances: gros retours'
L'imposition des grosses fortunes
Les gros bras qui entourent le Président

A *smacking* kiss
A *loud* laugh/a guffaw
'Summer holidays: *heavy* return traffic'
The taxing of *large* fortunes
The *strong*-arm men around the President

Au lieu de s'adresser à quelques gros donateurs privés.
Il n'y a pas de grosses difficultés pour remonter à Bordeaux.
La colère envahit son gros visage.

Instead of appealing to a few *major* private donors.
There are no *major* difficulties in getting back up to Bordeaux.
Anger spread all over the *round heavy* face.

L'assassinat continue à faire les gros titres à la Une des quotidiens.
Cet architecte veut étonner, pour attirer le gros client: la commune.

The murder continues to hit the *headlines* on the front page of the dailies.
This architect wants to create a sensation to attract the *important* customer: the local authority.

Il sort ses gros pulls.	He's getting out his *thick* pullovers.
Ces avions sont de gros consommateurs de carburant.	These 'planes are *heavy* on fuel.
Les grosses pluies vont se terminer.	The *heavy* rain will come to an end.
Ce sont les femmes et les jeunes qui font le gros des bataillons de chômeurs.	It is women and young people who form *the bulk* of the army of unemployed.
Le plus gros de la pluie est passé.	The *worst* of the rain is over.

6.13 'Guère'

La situation ne paraît guère se clarifier.	The situation does not appear to be getting *any* clearer.
Les choses ne se sont guère arrangées depuis samedi.	Things haven't become *appreciably* better since Saturday.
La grand'route n'était plus guère qu'un sentier.	The highway became *little better* than a lane.
Pour lui, Lambert n'était guère qu'un enfant.	For him, Lambert was *little more* than a boy.
Décidément, toutes les aventures de ces personnages ne l'intéressaient guère.	Decidedly, all these characters' adventures didn't *really* interest her.
Les idées courantes sur l'influence politique du climat ne sont guère éloignées de ces théories traditionnelles.	Contemporary ideas on the political influence of climate are *not very* far removed from these traditional theories.
Cette rue est située dans un quartier de Paris que les Parisiens ne connaissent guère.	This street is situated in a part of Paris of which Parisians are *practically* unaware.
On ne souciait guère de la ligne et de l'apparence de la voiture.	*Only scant* attention was paid to the shape and appearance of the car.

6.14 'Important'

Les charges financières d'utilisation d'une auto sont de plus en plus importantes.	The cost of keeping a car on the road is becoming more and more *onerous*.
On peut s'attendre à des chutes de neige importantes.	*Heavy* snowfalls can be expected.
L'augmentation du prix des boissons alcoolisées a été moins importante que l'augmentation des revenus.	The increase in the price of alcoholic drinks has been less *great* than the increase in incomes.
Mais alors une mise de fonds importante pour remettre en état les bâtiments devenait indispensable.	But then a *considerable* capital outlay to restore the buildings was becoming absolutely essential.
L'Assemblée devrait porter des correctifs importants sur le projet de loi gouvernemental.	The Assembly ought to make *substantial* amendments to the government's bill.
Elle a travaillé dans un bureau. Elle faisait un travail très important.	She worked in an office. She had a very *responsible* job.
Une charge explosive a provoqué des dégâts importants.	An explosive charge caused *extensive* damage.

Une très importante enquête de marché fut entreprise.

A *large-scale* marketing survey was undertaken.

Actuellement, le 'ménage', casseroles, batteries de cuisine, c'est un cadeau qui se fait de manière importante.

At the moment, household goods, pans, kitchen utensils, that's a present that is being *very widely* given.

26.15 'Jusqu'à'

J'enviais jusqu'au sort du pâtre que je voyais réchauffer ses mains au feu de broussailles qu'il avait allumé.

I envied *even* the lot of the shepherd whom I could see warming his hands at a brushwood fire which he had lit.

Tout y était délicieux, tout, jusqu'au jardin, qui, vous le savez cependant, est bien modeste.

Everything there was delightful, everything, *even* the garden, which, as you well know, is quite a modest one.

On ne pouvait pas ne pas la trouver belle, émouvante, jusqu'au drame.

You could not but find her beautiful, touching, *dramatically so*.

26.16 'Large, largement'

Il a une vision large de la clause de conscience.

He has an *elastic* view of the conscience clause.

Bardés de cartouchières, fusil à répétition en bandoulière, geste large et verbe haut, ces hommes quotidiennement inoffensifs ont l'allure d'une troupe de mercenaires.

Festooned with cartridge belts, with a repeater rifle slung over the shoulder, with their *sweeping* gestures and loud talk, these men, inoffensive in daily life, have the look of a gang of mercenaries.

Vu la difficulté des épreuves, les correcteurs noteront très large.

In view of the difficulty of the papers, the examiners will mark very *leniently*.

Ces musiciens amateurs valent largement les professionnels.

These amateur musicians are *easily* as good as professionals.

La direction du parti communiste russe frise largement les soixante-quinze ans.

The leaders of the Russian communist party are getting *well* into the mid-seventies.

26.17 'Mal'

Ma mère cachait mal son indignation.

My mother *found it difficult* to conceal her indignation.

Les sergots réquisitionnés suffisaient mal à maintenir à distance l'affluence des désœuvrés.

The cops called in for the occasion were *having trouble* keeping back the crowd of idlers.

On les voit mal résister plus longtemps.

We cannot *really* see them holding out any longer.

Les spécialistes, quelques heures après l'accident, s'expliquent mal les raisons de la catastrophe.

A few hours after the accident, the experts *still cannot* account for the disaster.

La présence soviétique est mal acceptée.

The presence of the Soviets is *not easily* borne.

La comtesse réprimait mal ses sanglots.	The countess *could not entirely* stifle her sobs.
Le tableau d'Orly-Ouest cache mal que la journée a été dure: les retards sont nombreux.	The indicator-board at Orly-Ouest *cannot but reveal* that it has been a hard day: delays are numerous.
On imagine mal, ici, le prestige dont dispose, là-bas, la Banque centrale.	You have *little or no* idea, here, of the prestige enjoyed by the Central Bank, over there.
On connaît fort mal cette region du Sinkiang.	*Very little* is known of this district of Sinkiang.
Les propriétaires d'offices se sentaient indépendants du gouvernement central; ils lui obéissaient mal.	The holders of hereditary office felt themselves independent of the central government; they obeyed it *indifferently*.
Il y a des spectacles de beauté que l'on goûte mal lorsqu'on y est soi-même acteur; il faut s'éloigner pour en sentir vraiment le charme.	There are beautiful sights which are *not fully* appreciated when you are personally involved in them; you have to be at a distance to feel their true charm.
Ce don m'était promis mais je comprenais mal encore ce qu'il devait être.	This gift had been promised me, but *I was not* yet *clear* what it was to be.
L'œuvre mal assise des Constituants de 1791 croula presque aussitôt.	The *shakily* based work of the constitution-makers of 1791 collapsed almost immediately.
Les mal-entendants	The *hard* of hearing
L'un des jeunes était mal tenu.	One of the youths was *unkempt*.
Cela définit mal la vraie nature de l'apartheid.	That gives an *imperfect* idea of the true nature of apartheid.
C'est un taillis grouillant de lapins mal nourris.	It is a copse swarming with *under-nourished* rabbits.
Mais c'eût été mal le connaître que de croire qu'il se laisserait déposer de son trône sans réagir.	But it would be *misjudging* him to imagine that he would allow himself to be deposed without a struggle.

26.18 *'Mauvais'*

Il roulait sur le mauvais côté de la route.	He was driving on the *wrong* side of the road.
J'ai fait un mauvais calcul.	I *miscalculated*.
Dans la région parisienne, un quart des interventions des pompiers sont dues à un mauvais fonctionnement des installations d'eau, de gaz et d'électricité.	In the Paris area, one quarter of the calls to the fire brigade are due to *defective* functioning of water, gas and electricity installations.
L'art de Gore Vidal est tout de nuances, insidieusement situé sur 'la mauvaise pente'.	Gore Vidal's art is all in subtle shadings, insidiously placed on the '*downward path*'.

26.19 *'On'*

It was once suggested in language teaching circles that the only form of the verb to be taught to beginners should be the third person singular with the pronoun 'on', since this structure can be used as a substitute for all other persons of the verb. 'We', 'you', 'people' are common equivalents in English, but various combinations of passive and impersonal constructions, together with nominalisation (that is the use of a noun derived from a verb instead of the verb), are also possible.

On peut s'étonner de voir que la peau n'est pas moins sensible sous les pieds qu'à l'intérieur des mains.

We may be surprised that the skin on the soles of our feet is no less sensitive than that on the inner side of our hands.

Malgré les lampes électriques, on devinait la profonde lueur rouge du dehors.

Despite the electric lights, the deep red glow outside *could be made out*.

Si l'on tentait de situer le vol circum-lunaire américain dans l'évolution de ces vingt dernières années, on pourrait dire qu'il est une conséquence du passé.

In attempting to place the American flight round the moon in the evolution of the last twenty years or so, *it could be said* to be the logical outcome of the past.

Quand on lit pour la première fois cet auteur

On reading this author for the first time

On parlait d'une 'lourde erreur'.

There was talk of a 'major blunder'.

En province, où l'on s'ennuie, tout ce qui promet une sensation est reçu avec empressement.

In the country, where *boredom is rife*, anything that suggests a sensation is eagerly welcomed.

On l'aura reconnu: sous les oripeaux de l'érudition foisonnante et aberrante, nous sommes en présence du discours idéologique.

By now it will have become apparent: under the trappings of a proliferating, nonsensical erudition, the ideological argument stands before us.

On assure qu'il est déjà engagé pour être la vedette d'une revue sur glace.

It is reliably reported that he has been signed up as the star of an ice-show.

On ne devrait pas laisser faire des sondages dans les mois qui précèdent les élections.

It should not be permissible to conduct public opinion polls in the months before the elections.

Nous ne voyons pas pourquoi on répugnerait à l'avouer.

We fail to see why *there should be any reluctance* to admit it.

On se disputait âprement l'honneur d'entrer à l'Université.

There was bitter competition for the honour of entering the University.

On ne pouvait vraiment s'apercevoir de rien.

There was really nothing *to notice*.

Maintenant on ne pouvait plus s'y tromper.

Now *there was no mistaking* it.

Dans la vie du village, on ne se reçoit pas.

In the life of the village, *there is no visiting*.

On n'avait pas déploré de décès.

There had been no bereavement.

On ne se bousculait pas devant les bureaux de vote.

There was no crush outside the polling stations.

26.20 'Petit'

La masse des petits Noirs forme un sous-prolétariat doublement humilié.

The mass of *poor* Negroes constitutes an under-privileged doubly humiliated proletariat.

Le gouvernement écrase d'impôts le petit peuple.	The government crushes *humble* folk with taxes.
Le petit architecte qui s'installe dans un chef-lieu de canton pour gagner de l'argent.	The *second-rate* architect who sets up in a small country town to make money.
Un petit sourire dédaigneux.	A *faintly* patronising smile.
Nombreux sont ceux qui, ce matin, ont une petite mine et du mal à ouvrir les yeux – après avoir regardé la TV tard hier soir et tôt ce matin.	A lot of people this morning look rather '*washed out*' and have difficulty in opening their eyes – after watching TV late last night and early this morning.
'Mon petit ami, dit l'oncle, tu essaies de me faire marcher'.	'My *young* friend', the uncle said, 'you're trying to pull my leg'.
Il pose sa main sur l'épaule du garçon et dit: 'Petit'.	He puts his hand on the boy's shoulder and says: '*My lad*'.
Les petits Français n'apprennent plus l'histoire de France.	French *youngsters* are no longer being taught French history.

27 Negative → Affirmative

27.1 *Verbs*

Il n'en a pas été de même dans la rue.	*Things were different* in the street.
La crise pétrolière *n'en finit pas* de durer.	The oil crisis has now gone on *interminably*.
L'air *n'est qu*'une fête.	The air is a *sheer* delight.
Ce *n'est pas* un palier *semblable* à ceux des régions basses.	It is a *very different* landing from those in the lower regions.
Les deux frères *ne se quittaient pas*.	The two brothers *were always together*.
Un sourire acéré *ne quittait pas* ses lèvres minces.	A sarcastic smile *was ever playing* on his thin lips.
La langue de ces peuples *n'était plus entendue* par nos interprètes.	The language of these tribes *was beyond the understanding* of our interpreters.
L'argent *n'y était plus*.	The money *had gone*.
Nous *n'*avions plus devant nous *qu'*un mannequin.	*All* we had before us now was a dummy.
Il *n'*est question *que* du lancement d'un nouveau programme d'austérité.	*All* the talk is of the launching of a new austerity programme.
Elle n'était pas fâchée de me narrer sans me faire grâce d'aucun détail les péripéties les plus lamentables de sa vie.	*She rather enjoyed* telling me the story of the most lamentable incidents in her life, without sparing me the slightest detail.
C'est la façon la plus logique d'inventer et *ce n'est pas autrement* que s'y prit Edison.	That is the most logical way of inventing and *that is exactly* how Edison went about it.
Les jeunes filles pauvres n'avaient *pas assez de leurs yeux* pour ramasser tout le spectacle de ce mariage de première classe.	The poor girls *were all eyes* to take in all the pageantry of this high-class wedding.

Il *ne se gêna pas pour se moquer* des romantiques.	He *openly made fun* of the Romantics.
'Ouest-France' *ne mesure pas* ses colonnes à ceux qui s'opposent à l'installation de la future centrale nucléaire.	'Ouest-France' *freely opens up* its columns to opponents of the setting up of the proposed nuclear power station.
Les deux équipes *n'ont pu se* départager.	The two teams *finished on level terms*.
Des télégrammes de félicitations *ne se sont pas fait attendre*.	Congratulatory telegrams *were soon arriving*.
Des lòrs, elle *ne les quitta plus*.	Henceforth she was to *haunt* them.
Je me permets de *ne pas partager ce raisonnement*.	I beg to *differ*.
Depuis ce matin, la mairie *n'a pas désempli*.	Since morning, the town-hall *has been constantly full*.
Les autorités espagnoles *n'ont fait qu'*accentuer leur pression sur la colonie de Gibraltar.	The Spanish authorities have *steadily* increased their pressure on the colony of Gibraltar.

27.2 *Adjectival phrases with 'peu'*

Il fit asseoir sur son genou une de ces beautés *peu farouches*.	He took one of these *tractable* beauties on his knee.
Ce sont de petits modèles, *peu gourmands* d'essence.	These are smaller models, *economical* on petrol.
Des commentaires *peu amènes*	*Unkind* comments
Les renseignements sont *peu nombreux* et *peu précis*.	Information is *scarce* and *vague*.
Simenon, d'habitude *peu avare* de confessions, n'a pratiquement rien dit de son frère.	Simenon, usually *quite free/open* with his confessions, has said practically nothing about his brother.
Deux femmes *peu accueillantes* sont assises derrière une table.	Two *forbidding* women are seated behind a table.
La circulation était *peu dense*.	Traffic was *light*.

27.3 *Adjectival and adverbial phrases with 'sans'*

Elle se tenait contre le mur, *sans rien regarder*.	She was leaning against the wall, *staring into space*.
Les chasse-neige sont en action *sans discontinuer*.	The snow-ploughs are in action *continuously*.
Un petit truand *sans envergure*	A *small-time* crook
Des hommes *sans fortune, sans naissance*	Men *of humble means and birth*

27.4 *Phrases with 'non'*

Le *non-respect* des règles de la sécurité routière	The *flouting* of road safety rules
Des promesses *non tenues*	*Broken* promises

Un flot de cheveux bruns
Nous sommes encore sur la base du *volontariat* et non sur celle de *l'obligation*.
Le style de Charles Morgan plaît d'abord par *la splendeur* de ses images et *la magnificence* de ses rythmes.
Du sommet du château d'eau, ils voyaient les routes sur lesquelles, parfois, filait *le scintillement* d'une voiture.

Quand la bête était traversée, c'était *l'affolement* des ruades et des soubresauts.
Les perspectives de déficit pour l'exercice prochain sont évaluées à 20 milliards de dollars.
Ces institutions furent utiles à l'espèce humaine à l'époque de sa *formation*.

Les formes des arbres s'effacent dans *le vague* de l'air.
Il faut attendre quelquefois des siècles avant que *la pérennité* de cette leçon ne resurgisse dans la trame de l'actualité.

Une tentative de coup d'état a été éventée.
Des enfants *victimes* de sévices

Attention, *chute* de pierres
Sur scène, on oubliait sa *petite taille*, sa *maigreur*.

Flowing brown hair
We are still on a *voluntary* basis and not on a *compulsory* one.
The style of Charles Morgan is at first appealing by its *splendid* imagery and *magnificent* rhythms.
From the top of the water-tower, they could see the roads on which, from time to time, a *sparkling* car dashed along.

When the animal was transfixed, there were *frantic* rearings and convulsive movements.
The *likely* deficit for the coming financial year is estimated at 20 thousand million dollars.
These institutions were useful to the human race during its *formative* period.

The outlines of the trees fade away in the *opaque* air.
Sometimes you have to wait for centuries before this *everlasting* lesson re-emerges in the web of contemporary history.

An *attempted* coup d'état was discovered.
Children *subjected* to ill-treatment/ '*Battered*' children
Danger, *falling* rocks
When she was on the stage, you forgot how *small* and *thin* she was.

29 'De' + noun → Adjective

Un joyeux murmure *de fête*
Les mesures *de déflation* prises par le gouvernement
Des mesures *de rétorsion*
Il faut prendre les précautions *d'usage*.
Il a prononcé le discours *d'ouverture*.
Je ne me livrerai pas à un optimisme *de commande*.
Un air *d'étonnement* et *d'inquiétude*
Peu à peu les champs perdirent leur

A joyous, *festive* hum
The *deflationary* measures taken by the government
Retaliatory measures
The *usual* precautions must be taken.
He delivered the *opening* speech.
I shall not indulge in *affected* optimism.

A *puzzled, anxious* look
The fields gradually lost their former

aspect *de netteté* d'autrefois.	*flawless* appearance.
Un détail *d'importance*	A *crucially important* detail
De temps en temps il promenait son regard sur les blessés d'un air *de morgue* et *d'ennui*.	From time to time he ran his eyes over the wounded with a *bored* and *haughty* air. .
Beaucoup de spécialistes se demandent si la rationalisation de la gestion n'exerce pas en définitive un effet *d'étouffement*.	Many specialists are wondering if rationalisation of management has not really had an *inhibiting* effect.
Cela ne change rien au problème *de fond*.	That does not alter anything in the *basic* problem.
Le surréalisme est avant tout une immense force *de rupture*.	Surrealism is, first and foremost, a huge *disruptive* force.
C'est un homme *d'expérience* et *de compétence*.	He is an *experienced, competent* man.
Je suis un homme *d'ouverture* et *de dialogue*.	I am an *open-minded* man, always *ready to talk*.

30 Noun + 'de' + noun → Noun + noun

Une mesure *d'urgence*	An *emergency* measure
Des animaux *de compagnie*	*Pet/Household* animals
Une période *de décalage*	A *time*-lag
Des transports *de rocade*	*Cross-town* transport services (from suburb to suburb)
Une école *de gestion*	A *business* school
Des meubles *de style*	*Period* furniture
La république romaine se servait avec un avantage infini de ce peuple *d'esclaves*.	The Roman republic used this *slave* population to great advantage.
Des automobilistes bloqués par les congères ont dû passer la nuit dans des logements *de fortune*.	Motorists trapped by the snowdrifts had to spend the night in *makeshift* accommodation.

31 'De' + abstract noun + adjective → Adverb + adjective

Des actes *d'une violence croissante*	*Increasingly violent* acts
Il est sans goût, sans mesure, *d'une effervescence ridicule*.	He is lacking in taste, in restraint, *ridiculously effervescent*.
Le ciel était *d'une pureté ravissante*.	The sky was *delightfully clear*.
Le Japon a su mettre en œuvre une stratégie industrielle *d'une remarquable efficacité*.	Japan has been able to implement a *remarkably effective* industrial strategy.
Elle était *d'une beauté éblouissante*.	She was *dazzlingly beautiful*.
Les policiers sont *d'un mutisme complet* sur cette affaire.	The police officers are *completely silent* about this affair.
L'instant était *d'une solennité oppressante*.	The moment was *oppressively solemn*.

'Criss-cross' transposition: abstract noun (1) + adjective (2) → adjective (1) + abstract noun (2)

Les péniches lourdement chargées de riz descendent le Ménam avec *une majesté tranquille.*

The barges heavily loaded with rice sail down the Ménam with *majestic calm.*

Cet énorme décor de chevaux, de figurants, de bannières et d'armures crée dans le spectateur une impression bizarre d'*encombrante inutilité.*

This enormous background of horses, extras, banners and armour arouses in the spectator a weird feeling of *useless clutter.*

Il est important pour les parents de connaître les procédures d'appel lors d'une *orientation conflictuelle.*

It is important for parents to know the appeal procedures when an *allocation dispute* arises.

32 Noun → Verb

32.1 *There is an increasing tendency towards 'nominalisation' in contemporary French, that is to say the use of a noun derived from a verb in place of a clause. In translation into English, the process is often reversed.*

Et maintenant on redoutait, les portes une fois brûlées et l'Hôtel de ville ouvert, *l'irruption* de la populace.

And now it was feared that once the doors were burned down and the Hôtel de ville was laid open, the mob *would burst in.*

Il pensa également à *l'embauche* d'un gérant.

He also considered *whether he should take on* a manager.

Elle n'aimait pas cuisiner apparemment. A peine si l'on s'apercevait de *son passage* dans la cuisine.

Apparently she didn't like cooking. You could hardly tell that *she had been* in the kitchen.

La naissance du cinéma, en tant que moyen d'expression, date de *la destruction* de l'espace circonscrit où évoluaient des acteurs.

The birth of the cinema as a means of expression dates from the time when the limited space in which actors moved *was done away with.*

Zola notait '*ce coudoiement* des duchesses et des manantes' dans le grand bazar.

Zola remarked on the way 'duchesses and women of the people *rubbed shoulders*' in the big department store.

Très souvent encore, la nuit, des vitrines explosent sous un *jet* de pavé.

Very often, at night, there are still shattering explosions as paving-stones *are hurled* through shop windows.

Il y a un *constat* de *frustration* des jeunes.

It is acknowledged that young people *are frustrated.*

Il y a actuellement un renouveau de la foi religieuse à mesure de *l'effacement* du politique.

There is at present a rebirth of religious faith as politics *fall into a decline.*

Pour passer, il faudra attendre *le salage* et *le gravillonnage* des routes.

To get through, you will have to wait until the roads *have been salted* and *gritted.*

On a une garantie du *non-écroulement* des bâtiments.

People are given a guarantee that the buildings *will not collapse*.

Cet accord a affirmé *la pérennité* de la marque Peugeot.

This agreement stated that the Peugeot brand-name *would be maintained indefinitely*.

32.2 *The noun may be translated by an English present participle or infinitive.*

Ils bénéficient de *l'appartenance* au marché commun.

They benefit from *belonging* to the Common Market.

Un pays si divisé risque *l'éclatement*.

A country so divided is in danger of *breaking up*.

Le gouvernement joue *le pourrissement* de la grève.

The government is gambling on the strike *collapsing*.

Il s'absorba dans *l'audition* de cette musique.

He became engrossed, *listening* to this music.

Nous sommes très rigoureux dans *la répercussion* des hausses de prix.

We are very careful about *passing on* price increases.

On a tenté une expérience d'*insertion* des aveugles dans un club cyclo-touriste, en utilisant des tandems.

An experiment has been tried of *taking in* blind people as members of a cycle touring club, using tandems.

C'est la conséquence de *l'envolée* du cours mondial du sucre.

It is a consequence of world sugar prices *soaring*.

Sochaux n'a pas encore assuré sa *qualification* pour la demi-finale.

Sochaux has not yet made sure of *qualifying* for the semi-final.

Le retour au système de *l'îlotage* est aussi un bon moyen de prévention.

A return to the system of *policing the block* is also a good preventive measure.

La poursuite de la grève a été décidée.

It has been decided *to continue* the strike.

Le contrôleur refusa *l'entrée* à Dudu.

The bus-conductor refused to let Dudu *get on*.

La police est chargée du *respect* de la loi.

The police's duty is *to enforce* the law.

On ne remplace les reins que lorsque ceux-ci refusent *tout service*.

Kidneys are replaced only when they refuse *to function at all*.

Ils souhaitent *la reconduction* de la loi sur l'avortement.

They wish the law on abortion *to be renewed*.

A la suite de cet accident, le coureur a été contraint à *l'abandon*.

As a result of this accident, the racing driver was compelled *to retire*.

Le défaut de *paiement* d'une cotisation annuelle donne lieu à une mise en demeure.

Failure *to pay* an annual premium will lead to a formal notice to pay.

La tentation *du repli* sur soi-même

The temptation *to withdraw* into one's shell

Tout compte fait, rares sont les candidats *au départ*.

All in all, there are very few volunteering *to leave*.

On m'apporta la collection des quatre journaux en question et j'en entrepris *le dépouillement*.

The files of the four newspapers were brought to me and I began *to check through them*.

Les principaux candidats déploient des efforts pour encourager *l'inscription* des jeunes.

The principal candidates are making great efforts to persuade young folk *to register* (their names on the electoral rolls).

32.3 *Nominalisations may combine with prepositions to form time expressions, translated by a clause in English.*

A l'usage, évidemment, on s'aperçoit que les grandes baies laissent passer le froid et l'insupportable chaleur.

When you come to live with them, you realise that huge picture-windows let in the cold and unbearable heat.

Il avait gardé la robe de chambre qu'il endossait à l'ordinaire *au saut du lit.*

He had kept on the dressing-gown which he usually slipped on *when he got out of bed.*

A l'ouverture du Parlement en 1642, l'Angleterre n'avait point cru ni voulu tenter une révolution.

When Parliament assembled in 1642, England had neither considered nor intended attempting a revolution.

A l'issue d'une réunion des secrétaires départementaux, une déclaration a été faite.

When the meeting of departmental secretaries *concluded,* a statement was issued.

Concevez l'aménagement intérieur des bureaux *dès la conception des bâtiments.*

Think about the inner lay-out of the offices *when the buildings are in the planning stage.*

Depuis la venue dans la capitale britannique, au mois de mai dernier, du ministre espagnol des Affaires étrangères

Since the Spanish Foreign Minister *came* to the British capital last May

Jusqu'à la convocation du parlement

Until parliament *is convened*

Je l'ai rencontré *lors de son passage* à Paris.

I met him *when he was visiting* Paris.

33 Order of elements within the sentence

33.1 *Complete re-construction*

Occasionally, because structures of equivalent meaning are so different in the two languages or because equivalent verbs have different 'constraints' (for example some verbs can have only an animate subject or an animate object), the elements in the sentence have to be re-arranged.

Elle leur fit un geste qui se voulait joyeux de sa main libre.

She waved her free hand to them with forced gaiety.

Ces accidents ont nécessité l'intervention des pompiers.

Firemen had to be called in to deal with these accidents.

Sa compagne offrait l'image d'une figure admirablement harmonieuse.

His companion's face was a picture of admirably harmonious composition.

Aucun des deux ne discernait un vieillard dans le visage baigné de tendresse qui se penchait vers le sien.

For neither of them was the face of the other, as it leaned nearer, bathed in tenderness, the face of old age.

(The two persons are an elderly couple. Mauriac has used the masculine gender as a kind of neuter, with the result that a literal translation would run into difficulties of gender in the pronouns.)

33.2 *Subject → Object*

Les contribuables vérifiés ont souvent le sentiment d'être choisis parce que *leur tête ne revient pas à tel ou tel contrôleur.*

The tax-payers whose returns have been investigated often feel that they have been chosen because *some tax-inspector or other doesn't like their face.*

Une injustice *à laquelle* jusqu'aujourd'hui je *n'ai jamais rien pu comprendre.*

An injustice *which* even today *remains completely incomprehensible to me.*

33.3 *Object → Subject*

L'image s'était à son insu imprimée dans sa mémoire et *il la retrouvait.*

The image had unconsciously stamped itself on his memory and *it came back to him.*

Le saisissement des vieillards troyens voyant passer Hélène et disant: 'Notre mal *ne vaut pas un seul de ses regards*'.

The sudden agitation of the old Trojan men, seeing Helen pass by and saying: '*One glance from her compensates for* all our misfortune'.

Il n'*y* songeait déjà plus.

It had gone completely out of his mind.

Il n'y aurait pas de problème *si le temps ne me gagnait pas de vitesse.*

There wouldn't be any problem, *if I were not fighting a losing battle against time.*

La grâce l'enveloppait tout entière.

She exuded charm from head to foot.

La loi s'oppose à ce genre de manipulation.

This sort of 'rigging' *is against the law.*

Il ne quitte pas *son dictionnaire franco–allemand.*

His French–German dictionary never leaves his side.

Nous apportons au socialisme un certain humanisme qui *lui a fait défaut* jusqu'ici.

We bring to socialism a certain humanism which *it has lacked* hitherto.

33.4 *Subject → Complement*

Les sondages sont sources de controverses.

There is much controversy *about public opinion polls.*

33.5 *Complement → Subject*

Il flottait *dans un complet gris rayé.*

A grey striped suit hung loosely about him.

La figure du poète est belle, agréable, noble; elle s'accommode fort bien *de la vaste perruque.*

The poet's face is handsome, pleasant, noble; *the huge wig* becomes it very well.

Le temps est *à l'orage.*

Thunder is in the air.

33.6 *Re-positioning of adjectival or adverbial phrase*

Un Chinois veille à la porte, *assis par terre.*

A Chinese *sitting on the ground* is keeping watch at the door.

Il tripota, *au fond de sa poche*, la petite boîte nickelée.	He fingered the little nickel-plated box *in his pocket*.
Nous allions *chaque après-midi* nous reposer sur la terrasse.	*Each afternoon* we would go and rest on the terrace.
La ville allait noyer *de ses hautes vagues de briques et de ciment* les églises des anciens villages.	The city started drowning the churches of the old villages *with its high waves of bricks and cement*.
Elle élève *d'un geste charmant de maternel triomphe* son fils sur un de ses bras.	She holds up her son on one of her arms *with a delightful gesture of maternal triumph*.

34 Passive → Active

This change of category is much less common than the reverse (see section 2), but nevertheless it does occur.

L'unanimité des gens du cirque à refuser le filet ou le câble qui les preserverait d'une chute tragique *est assez éloquente*.	The unanimity with which circus folk reject the safety net or the wire which would save them from a fatal fall *speaks for itself/speaks volumes*.
Tous les ans, 200000 Français *sont victimes d'*un cancer.	Every year 200,000 French people *have* a cancer/*suffer* from cancer.
Permis à vous de trouver ces expressions trop fleuries.	*You may well* find these expressions too flowery.
Les kiosques à journaux *ont été dévalisés*.	The newspaper kiosks *have sold out*.
L'un et l'autre *sont habités* par une très profonde espérance.	A deep and abiding hope *dwells* in both of them.
Ces palier *est visité d'*un trait de soleil à certaines heures du soir.	This landing *catches* a glint of sun towards the late afternoon.

35 Past historic

A more round about expression is sometimes required to render the value of the Past Historic in English.

Dans l'air léger, soudain, toute la ville *lui apparut*.	In the clear air, suddenly, the whole city *burst upon his view*.
Cette campagne surtout *l'intéressa*.	The countryside was what most *aroused his interest*.
Je craignis l'eau froide.	*I developed an aversion* for cold water.
Le ciel s'était chargé d'orage et toute la nature attendait. Tous les oiseaux s'étaient tus. Il monta de la terre un souffle brûlant. Puis *il plut*.	The sky was heavy and stormy and all nature was waiting expectantly. All the birds had fallen silent. There arose from the earth a burning breath. Then *down came the rain*.

35.1 *Just occasionally, even when the Past historic presents, as is normal, a new state of affairs, the continuous past (Imperfect) will be preferable in English.*

On bourra le poêle avec les éclats de bois: il *ronfla* bientôt et *répandit* une bienfaisante chaleur.

The stove was crammed with the splintered wood: soon *it was roaring* and *giving out* a grateful heat.

Il gravit la falaise et *regarda* la mer.

He climbed to the top of the cliff and *stood watching* the sea.

---

36 Past participle with a noun or pronoun → Clause or present participle

---

Tout donne à penser que, *consulté*, il souscrirait à ce verdict.

Everything leads one to think that, *if he had been consulted*, he would have agreed with this verdict.

Levé à quatre heures du matin, l'étudiant travaillait jusqu'à huit heures du soir.

Rising at four in the morning, the student worked till eight in the evening.

Au moment où, *Paris obtenu*, il fut appelé dans la salle des téléphones, un obus tomba tout près.

At the very moment *when the call to Paris had got through* and he was called into the telephone room, a shell dropped near by.

La communication coupée, les journalistes ne la retrouveraient plus pour l'édition du matin.

If their call was cut off, the journalists wouldn't get through again in time for the morning edition.

Son déjeuner expédié, le frère aîné sortit.

Having polished off his lunch, the elder brother went out.

Il savait que, *la dernière maison dépassée*, il y aurait une coupure dans la masse obscure des bois.

He knew that, *when he had gone beyond the last house*, there would be a break in the dark mass of the woods.

Le véliplaneur peut être poète à ses heures, mais, *moteur coincé ou boulon desserré*, il doit aussi savoir parler à une clef à molette.

The motorised hang-glider may have his poetic moments, but, *when the engine has jammed or a bolt has worked loose*, he must also be capable of speaking fair words to an adjustable spanner.

La ville voisine sait à peine que ce village existe. *Son nom prononcé* n'eveille aucun souvenir.

The nearby town hardly knows of the existence of this village. *Say its name* and no memory is conjured up.

Le jour venu, plusieurs séries de photos, de slogans et de maquettes lui seront soumises.

When the time is ripe, several series of photographs, slogans and mock-ups will be submitted to him.

Une fois le produit ou le matériel vendu, il doit être suivi, entretenu, réparé.

Once the product or the equipment has been sold, it has to be followed up, maintained, repaired.

Passé les portes des studios de la capitale, les nouvelles télévisées sont bénignes.

Once you have got beyond the studio doors of the capital, the television news is low-key.

Des fermiers *pressentis* exigèrent une remise en état des bâtiments

Farmers *who had been approached* demanded that the farm buildings should

d'exploitation.	be restored to working order.
Il distinguait les mouvements confus des légionnaires *accourus* au tumulte sur la plage.	He could make out the disordered movements among the legionaries *who had rushed down* to the beach in a tumult.
Nous nous trouvons, devant ces empires *subitement effondrés*, comme des oiseaux face au serpent: nous ressentons un mélange d'attirance et d'horreur.	At the sight of these empires *which suddenly collapsed*, we find ourselves in the position of birds confronted by a snake: we experience a mixture of attraction and horror.

37 Past participle reinforcing a preposition or prepositional phrase – not translated into English

Un coup de fusil *venu d'*un fourré avoisinant	A shot *from* a neighbouring thicket
Une vague odeur de goémon *venue du* port	An indirect odour of sea-weed *from* the harbour
Un marchand de biens *venu des* Ardennes	An estate agent *from* the Ardennes
Les accusations *portées contre* l'ancien ministre	The accusations *against* the ex-minister
Il y a beaucoup d'intérêt *porté à* ces émissions.	There is a lot of interest *in* these broadcasts.
Le grief est dans l'atteinte *portée* par le gouvernement *à* un domaine privé.	The grievance lies in the attack by the government *on* a private preserve.
Des fenêtres *munies de* rideaux verts	Windows *with* green curtains
Une maison *située à* l'entrée du village	A house *at* the entrance to the village
La tête du lion *ornée d'*une longue crinière	The lion's head *with* its long mane
Le discours *prononcé par* le Premier ministre	The speech *by* the Prime Minister
Les tentatives *faites par* les banques centrales pour renverser le courant	The attempts *by* the central banks to reverse the trend
Une ouverture *creusée dans* l'épaisseur du mur	An opening *in* the thickness of the wall
Je me trouvais devant un peuplier *planté à* l'angle d'un champ de blé.	I was standing opposite a poplar *at* the corner of a cornfield.
Il y a toujours un risque *lié aux* conserves familiales.	There is always a risk *in* home-made jams.

38 Past participle used as a noun → Phrase or clause

Des *disparus*	*Missing persons*
Il y a là *une inconnue* dans l'attitude du criminel.	There is *an unknown factor* in the criminal's attitude.
Un déraciné – ou *un transplanté* – dont la famille a toujours vécu au bord de la mer, se sentira peut-être plus qu'un	*Anyone who has been uprooted* – or *has put down roots elsewhere* – whose family has always lived by the sea, will perhaps

autre, attiré par les grèves et par les vagues.

feel, more than others, attracted by sea-shores and waves.

Ces techniques consistent à créer dans les divers groupes sociaux des convictions à l'insu du *convaincu*.

These techniques consist of creating opinions in the various social groups without *the person manipulated* being aware of it.

Il veille scrupuleusement au respect des *acquis* de la révolution d'avril.

He takes scrupulous care that *the rights gained* in the April revolution are respected.

39 Personal → Impersonal

La place *nous* manque pour soumettre à une analyse plus approfondie la notion de valeur.

It would take up too much space to analyse the idea of value more thoroughly.

Nous sommes évincés de tous les moyens d'information.

Access to all the media *is denied to us.*

Nous nous adressons à tous les jeunes qui aspirent au changement.

Our appeal is directed to all young people who long for a change.

40 Phrase → Clause

40.1 *Noun phrase in apposition*

Touriste en Italie, bien sûr, vous irez au restaurant.

When you are holidaying in Italy, you will of course eat out.

Science sémiologique en second lieu, c'est vers la linguistique que l'anthropologie se tourne.

Because it is secondarily a semiological science, anthropology turns to linguistics.

Lui président, les prélèvements obligatoires passeront de 42 à 40 pour cent, puis à 36 pour cent du produit intérieur brut.

If he is elected president, compulsory levying (for social security funds) will go down from 42 to 40 per cent, then to 36 per cent of the gross national product.

On ne peut s'empêcher de penser à ce que serait la course, *Bernard Hinault présent*.

You can't help thinking of what the race would be like *if Bernard Hinault were in it.*

40.2 *Infinitive phrases*

Faute de comprendre les causes, on s'efforce alors d'agir sur les symptômes.

Because the causes cannot be understood, efforts are then directed towards acting on the symptoms.

A défaut d'éviter, peut-on prévoir les tremblements de terre?

If we cannot avoid them, can we forecast earthquakes?

Autant le préciser dès l'abord: je suis un partisan résolu de la ceinture de sécurité.

I may as well make this clear from the beginning: I am firmly in favour of the safety-belt.

La vigueur de la réaction gouvernementale semble avoir retourné la situation – *à moins d'événements encore possibles.*

The government's vigorous reaction seems to have restored the situation – *unless there are further events still to come.*

Il a tiré sur le conducteur *parce qu'excédé* par le bruit de la voiture.

He fired at the driver *because he was exasperated* by the noise of the car.

Nous sommes têtus, *parce que Bretons.*

We are obstinate, *because we are Bretons.*

Durant ces petits âges glaciaires, même en été des îles comme l'Islande étaient difficilement abordables, *car entourées d'innombrables icebergs.*

During these minor ice ages, even in summer islands such as Iceland were difficult of access, *for they were surrounded by numerous icebergs.*

(Au Ceylan) Les habits moisissent *dans le rouleau,* le poignard a rouillé *à ma ceinture.*

(In Ceylon) Your clothes become mouldy, *even though they are tightly rolled up,* my dagger has rusted, *though it never left my belt.*

41 Plural (of abstract nouns) → Singular

Notre œil exprime *angoisses* et *joies.*

Our eyes express *anguish* or *joy.*

Il avait *des audaces.*

He was full of *audacity.*

Des inquiétudes internationales

International *disquiet*

Les violences dont l'Amérique est capable

The violence of which America is capable

Il a reçu de Cambridge le sens *des énonciations claires* et *des formulations systématiques.*

He received from Cambridge a feeling for *clear enunciation* and *systematic formulation.*

Il s'agit de traduire cette confrontation en termes opératoires, bien loin *des déclamations.*

The aim is to translate this comparison into operational terms, far removed from *oratory.*

Des misères solitaires et sans secours

Lonely, helpless *misery*

Il raconte *des bêtises.*

He's talking *nonsense.*

Ils se réuniront demain pour décider *les suites* qu'ils entendent donner à leur mouvement.

They will meet tomorrow to decide what *follow-up* they intend to give to their action.

Tout la nuit on a entendu *des tirs* intermittents.

Throughout the night, sporadic *firing* was heard.

Tous *les espoirs* sont permis.

There is every reason for *hope/optimism.*

Aucune catégorie sociale, aucune profession n'a été épargnée par les camps de rééducation, la prison, *les brimades, les coups,* la misère.

There is not a social category, not a profession which has escaped re-education camps, prison, *harassment, physical assault,* penury.

Les intempéries ont quelque peu perturbé la course.

The bad weather has to some extent upset the race.

Les recherches effectuées par la police dans les locaux de l'ambassade après une alerte à la bombe n'ont donné aucun résultat.

The police *search* in the embassy premises after a bomb scare yielded no result.

Il y avait *des bourdonnements* d'insectes,

There was *a hum* of insects, *a rustling* of

des frôlements de feuilles.

leaves.

L'eau calme et peu profonde invitait aux plaisirs du bain et je me laissai séduire par *ses promesses.*

The calm shallow water tempted one to indulge in the pleasures of bathing and I yielded to *its lure.*

L'abbaye restait presque noire dans *les pourpres* du jour mourant.

The Abbey remained almost black in *the crimson* of the dying day.

Une civilisation, c'est encore un ensemble de *connaissances* techniques.

A civilisation is also a body of technical *knowledge.*

Ce qui fait du bien, ce qui brûle *les graisses,* c'est une trentaine de kilomètres à pied.

What does you good, what burns up *the fat,* is a thirty-kilometre walk.

On ne peut pas encore évaluer l'ampleur *des dégâts.*

The extent of *the damage* cannot yet be estimated.

Il a été transporté dans le service *des urgences.*

He was taken to the *emergency* ward.

Partout dans *les campagnes*

All over *the countryside*

Des rires fusèrent de toutes parts.

Laughter burst out on all sides.

J'avoue que j'apprécie moins *ses fantaisies* vestimentaires.

I confess that I am less keen on *the extravagance* of his dress.

Un faisceau de lumière blanche traversait la salle; on y voyait danser *des poussières, des fumées.*

A beam of light was shooting through the hall; in it could be seen dancing *dust* and *smoke.*

Tous *les dépassements de crédits* ont été entérinés par des conseils interministériels.

All *the overspending* has been ratified by interministerial advisory committees.

La décision du gouvernement s'appuie sur *les travaux* de cette commission.

The government's decision is based on *the work* of this committee.

Les concours financiers que peut apporter la République fédérale ne sont pas illimités.

The financial support which the Federal Republic can provide is not unlimited.

Les valeurs ou les intérêts auxquels se réfère la connaissance historique varient *avec les époques.*

The valuations or interests to which historical knowledge refers vary *from one period to another.*

Nous avons connu *quelques insuffisances* de concurrence.

We have been conscious of *a certain lack* of competitiveness.

Il tombe *des trombes d'eau* sur le stade.

A cloudburst is falling on the (football) ground.

Nous allons plaider devant *les instances* de la fédération internationale.

We are going to take our case to *the highest authority* of the international federation.

Des dorures à n'en plus finir

Lavish *gilding*

Des funérailles nationales

A national *funeral*

Ses pitreries ne me font pas rire.

His *clowning* doesn't make me laugh.

Il a pris le train *à destination de* Marseille.

He took the train *for* Marseille.

L'avion *en provenance de* Paris vient d'atterrir.

The 'plane *from* Paris has just landed.

Cette commission va recueillir des statistiques exactes sur les exportations japonaises *en direction de* l'Europe.

This committee is going to collect exact statistics about Japanese exports *to* Europe.

La diversité écologique peut être modifiée et même augmentée *à partir d'*une modification délibérée de l'environnement.

Ecological diversity can be modified and even increased *by* an intentional modification of the environment.

On a organisé un vin d'honneur *à l'intention des* délégués.

A reception was given *for* the delegates.

Alors que les spécialistes s'affrontent *à coups de* théories, un instituteur combat la dyslexie avec succès, par le simple bon sens.

Whilst experts are locked in argument *over* theories, a primary school teacher is successfully fighting dyslexia with mere common sense.

Les autorités suisses arguèrent que les prétendues violations avaient eu lieu *à l'extérieur du* territoire suisse et qu'elles ne tombaient pas *sous le coup de* leur juridiction.

The Swiss authorities concluded that the alleged violations had taken place *outside* Swiss territory and that they did not come *under/within* their jurisdiction.

C'est pourtant une vérité dont tous ses collègues *au sein du* cabinet étaient loin d'être convaincus.

That however is a truth of which all his colleagues *within* the cabinet were still far from convinced.

L'offensive de charme du gouvernement socialiste *à l'egard des* chefs d'entreprise se confirme et s'étend.

The socialist government's 'Operation Charm' aimed *at* business leaders is being reinforced and extended.

43 Prepositions, difference in usage in the two languages

La campagne électorale a transformé les candidats en robots *à* sourires et *à* slogans.

The electoral campaign has transformed the candidates into robots *with* automatic smiles and slogans.

Les saris précieux, *aux* couleurs éclatantes ou *aux* tendres nuances

The precious saris, *with* their high colours or soft hues

Une retraite *à* taux plein

Retirement *on* full pay

Les attaques *de* femmes sur la voie publique

Assaults *on* women in public thoroughfares

Plus d'un million de manifestants sont descendus *dans* la rue.

More than a million demonstrators were *on* the streets.

Une fuite mondiale *devant* le dollar en direction d'autres monnaies-refuges

A world-wide flight *from* the dollar towards other safe currencies

Des coups de feu ont été tirés *contre* la police.

Shots were fired *at* the police.

Le sous-marin devrait arriver sur les lieux

The submarine ought to reach the spot

en fin de week-end.	*towards* the end of the week-end.
C'est *en* milieu d'après-midi que sont attendus les premiers bouchons.	It is *towards* mid-afternoon that the first traffic hold-ups are expected.
Des tarifs plus avantageux sont offerts par des compagnies étrangères *sur* certaines destinations.	More attractive fares are offered by foreign companies *to* certain destinations.
Nous avons continuation *sur* Manchester.	We are flying/travelling on *to* Manchester.
Les agriculteurs bretons ont même lancé une compagnie maritime pour exporter leurs produits *vers* l'Angleterre.	Breton farmers have even launched a shipping company to export their products *to* England.
Ce sondage a été réalisé *auprès de* trois mille personnes.	This opinion poll was carried out *on* three thousand people.

44 Present participle → Clause

Dès qu'il s'agit de sondages politiques, *la passion s'en mêlant*, les faits les plus simples deviennent suspects.	As soon as the public opinion polls concern politics, *since passion is involved*, the simplest facts become suspect.
Aucun établissement scolaire n'étant à l'abri, il importe qu'on réfléchisse sur le trafic de la drogue avant que le drame ne se produise.	*Because no educational establishment is immune*, it is imperative that people should give serious thought to the drug traffic before a tragedy occurs.
Le socialisme anglais n'étant pas anticlérical, la question religieuse ne s'est pas posée avec acuité.	*As English socialism is not anticlerical*, the religious question has never been an acute problem.

45 Present participle → Preposition

Descendant la Tamise, *traversant* la Manche, *remontant* la Seine	*Down* the Thames, *across* the Channel, and *up* the Seine
Un navire qui appareille et va filer, *traversant* la mer transparente.	A ship which is casting off, about to speed *over* the translucent sea.
Il contourna la cathédrale et enfila l'étroite ruelle *passant* sous la porte du Boureau, *débouchant* de l'autre côté des remparts.	He skirted the cathedral and slipped into the narrow alley *away under* the Boureau gate and *out on to* the other side of the ramparts.

46 Pronominal verbs

These verbs are rarely reflexive or reciprocal in meaning; it is interesting that it was thought necessary to add the prefix 'auto' in the following sentence.

Ce pays *s'autodétruit* dans une guerre civile.	This country is *destroying itself* in a civil war.

46.1 *Passive meaning*

Certains contours *s'accusent*, d'autres *s'estompent*.

Some outlines *are intensified*, others *are blurred*.

Les pêches *se dégustent* à tout moment de la journée.

Peaches *can be enjoyed* at any time of day.

Le goût du livre, s'il peut *se perdre* à l'âge adulte, ne peut, en revanche, *se gagner* sur le tard.

The taste for books, though it may well *be lost* in adulthood, cannot, however, *be regained* later on.

Dans la forêt toute proche *se livraient* des luttes effroyables.

In the nearby forest, frightful struggles *were being waged*.

Tout cela *se connaît*, tout cela peut *se chiffrer*.

All that *is known*, all that can *be assessed in numerical terms*.

Il y a une soif d'apprendre qui *se lit* dans les yeux de chacun.

There is a thirst for learning which *can be read* in the eyes of each one.

Il ne faudrait pas confondre *ce qui se dit* avec ce qui *se vit*.

We ought not to mistake *what is said* for *what is done* in a real-life situation.

La décision *se prendra* à un congrès qui *se tiendra* en janvier.

The decision *will be taken* at a conference which *will be held* in January.

46.2 *'Se faire' + infinitive, with passive meaning*

Des bruits *se faisaient entendre* dans le sous-bois.

Noises *could be heard* in the undergrowth.

Son absence *s'est fait* cruellement *sentir*.

His absence *was* most keenly *felt*.

Les évêques brésiliens *se sont fait accuser* de subversion.

The Brazilian bishops *have been accused* of subversion.

Il va *se faire opérer* pour un caillot au cerveau.

He is going *to be operated on* for a blood-clot in the brain.

Dans le Métro, les employés *se font matraquer et défoncer*; les voyageurs *se font plumer*.

In the Underground, employees *are beaten up and roughed up*; passengers *are held up and robbed*.

Les gagnants *se feront offrir* un séjour de huit jours à la montagne.

The winners *will be offered* a week's holiday in the mountains.

'Tout le monde y passe', ironise le commissaire de police. '*Je me suis fait cambrioler* deux fois'.

'It's the same for everybody', says the police inspector ironically. '*I've been burgled* twice'.

L'harmonie et la force de toutes les parties du temple *se font encore remarquer* dans ses ruines.

The harmony and strength of every part of the temple *are still evident* in its ruins.

46.3 *'Se voir' + past participle of verbs with a direct object or + infinitive of verbs with an indirect object*

Ce journaliste *se voit interdit de* séjour en Yougoslavie.

This journalist *has been banned* from Yugoslavia.

En Egypte, les femmes 'occidentalisées', ayant eu la possibilité de poursuivre leurs études, d'avoir une activité à

In Egypt, 'Westernised' women, having been able to continue their education and to obtain jobs outside the home,

l'extérieur de la maison, *se voient dé-considérées* dans les milieux populaires ou traditionalistes.

are looked upon with scorn in working-class or traditionalist circles.

Le charbon, le rail, le textile, l'acier, l'automobile, le caoutchouc, la machine-outil, *se voient doublés* par des produits élaborés à partir de l'électronique, la théorie de l'information, la biologie moléculaire, l'écologie et les sciences spatiales.

Coal, railways, textiles, steel, cars, rubber, machine tools *are being overtaken* by products derived from electronics, computer science, molecular biology, ecology and space sciences.

Il se verra toujours *reprocher* de ne travailler ni avec la méticulosité et l'objectivité de l'archiviste ni dans le silence et l'humilité du sage.

He will always *be blamed* for working with neither the meticulous objectivity of the documentalist nor in the humble silence of the philosopher.

Ce gouvernement *se voit confier* une double mission.

This government *has been entrusted with* a two-fold mission.

Lévi-Strauss, quand *il s'est vu proposer* un poste de maître à penser, s'est démené comme un diable pour refuser le rôle qu'on voulait qu'il joue.

Lévi-Strauss, when *he was offered* a position as 'intellectual guru', fought tooth and nail to refuse the part which people wanted him to play.

46.4 *More rarely, 's'entendre' and 'se laisser' + infinitive, as a passive*

Nous ne voulons pas *nous entendre dire*: 'Si vous votez bien, vous aurez des augmentations de salaires et une réduction de la durée du travail'.

We don't want *to be told*: 'If you vote the right way, you'll get wage increases and a reduction in working hours'.

Je me suis laissé dire que c'était aussi l'opinion de la plupart des membres du gouvernement.

I have been told that such was also the opinion of the majority of members of the government.

46.5 *Progressive meaning*

Tout cela paraît *s'arranger*.

All that seems *to be working out*.

Le pétrole *se fait* rare.

Oil *is becoming* scarce.

La situation ne *s'aggrave* pas mais ne *s'améliore* pas non plus.

The situation is not *deteriorating* but it is not *improving* either.

C'est une cérémonie sacrée qui *se développe* devant moi.

It is a sacred rite that *unfolds* before me.

Le mauvais temps semble *s'installer*.

The bad weather looks as if it *is settling in*.

Le temps a commencé à *se gâter* au cours de la nuit.

The weather began *breaking up* through the night.

Les grèves perlées *se multiplient*.

The go-slow strikes *are growing in number*.

Loin de *se calmer*, la tempête augmentait.

Far from *abating*, the storm was rising.

Les chutes de neige vont *s'espacer*.

Snowfalls will *become rarer*.

Actuellement, un tiers des logements neufs *s'équipent* du chauffage tout-électrique.

At the present time, one third of newly-built housing *is being equipped* with all-electric heating.

Ses rapports avec ses parents *se sont*

His relationships with his parents *have*

détériorés depuis dix ans.

grown steadily worse in the last ten years.

Le 'petit blocus' en vigueur depuis deux ans *s'est intensifié.*

The 'small blockade' which has been in force for two years *has been stepped up.*

46.6 The meaning of the pronominal form of the verb is different from that of the non-pronominal form.

Les garagistes *s'étaient engagés* à ne pas dépasser l'indice des prix global.

Garage proprietors *had given an undertaking* not to exceed the over-all price index.

Cette stratégie *s'appuie* essentiellement sur la publicité pour solliciter le consommateur.

This strategy *relies* essentially on advertising to attract the consumer.

Des économies *s'imposent.*

Economies *are absolutely necessary.*

Les spécialistes *s'interrogent.*

The experts *are thinking this over.*

Il *s'est adressé* directement aux Français.

He *appealed* directly to the French people.

Des heurts pourraient *se produire.*

Clashes might *occur.*

L'école *s'inscrit* dans un monde, un système.

The school *operates within the framework* of a world, of a system.

La philosophie laisse indifférente la rue, car les problèmes qu'elle pose ne *se posent* que parce qu'ils sont mal posés.

Philosophy leaves the man in the street indifferent, for the problems which it formulates *arise* only because they are badly formulated.

La dernière réunion *s'était soldée* par un échec.

The last meeting *had resulted* in failure.

J'ai déjà eu l'occasion de *m'expliquer* sur ce point.

I have already had the opportunity of *making my position clear* on this point.

Une nouvelle ère d'expansion semblait *s'annoncer.*

A new era of expansion seemed *to be imminent.*

Les retours de vacances *s'annoncent* difficiles.

The return journey *looks like being* difficult for holidaymakers.

Les Russes vont *s'obstiner* dans ce système.

The Russians are going *to cling stubbornly* to this system.

De nombreux petits feux *s'étaient déclarés.*

Numerous small fires *had broken out.*

Cet artiste de music-hall, 'l'Homme aux sept couteaux', n'avait jamais eu d'accident depuis dix ans qu'il *se produisait* à travers le monde.

This music-hall artiste, 'The man with the seven knives', had never had an accident in the ten years *he had been appearing on stage* throughout the world.

L'air est très humide. *Cela se traduit* par un temps très brumeux.

The air is very moist. *The practical consequence is* very misty weather.

Les retours ne font que *s'amorcer.*

The return journeys are just *getting under way.*

Le temps *ne s'est pas arrangé* pendant notre escale. Nous avons eu le rare privilège de contempler Athènes sous la neige.

The weather *didn't get any better* during our stay in harbour. We had the unusual privilege of gazing upon Athens in the snow.

47 Relative clauses

47.1 *Translated as a present or past participle*

Un dédale de rues *qui s'entrechevêtrent* en tous sens.

A labyrinth of streets *criss-crossing* in all directions.

Sa figure exprimait une stupéfaction *qui allait jusqu'à* la stupidité.

His face expressed stupefaction *bordering on* stupidity.

Ils vont y réfléchir dans les jours *qui viennent.*

They are going to think it over in the *coming* days.

L'horizon rétréci est imbibé de vapeurs *que chasse* une brise glaciale.

The narrow horizon is soaked with vapour *drifting* before an icy breeze.

Un beuglement s'éleva du taureau *que cachait* le brouillard.

A bellow went up from the bull, *hidden by* the fog.

Les Normands se replièrent vers la division *que commandait* Guillaume.

The Normans fell back towards the division *commanded by* William.

L'orgueil immense *que lui donnait* son origine

The immense pride *instilled in him by* his family background

Un immaculé gilet blanc *que faisait bomber* un ventre bien nourri de sédentaire

An immaculate white waistcoat *bulging* over the well fed stomach of a man unaccustomed to taking exercise

Il aperçut des navires surpris par la tempête et *que travaillaient* le vent et la mer.

He descried some ships caught in the storm, *buffeted by* wind and sea.

Le spectacle pittoresque *qu'offre* le célèbre marché flottant

The picturesque spectacle *provided by* the famous floating market

On y apprend des choses *dont ne se doutent pas* les riches, les oisifs.

There you can learn things *undreamt of by* the idle rich.

For other examples with 'dont', see 17.2.

Le charmeur de serpents s'agite devant un sac de cuir *d'où sortent* des cobras noirs et luisants.

The snake-charmer is capering about in front of a leather bag *with* black glistening cobras *coming out of it.*

47.2 *'Que' + 'être' (or equivalent verb)*

Volontiers les historiens classiques ont limité la genèse de l'Europe moderne au creuset méditerranéen, oubliant *cet autre creuset que fut la Baltique.*

Standard historians have tended to limit the birth of modern Europe to the crucible of the Mediterranean, forgetting *that other crucible, the Baltic.*

Le général Tsvigoun, numéro deux du KGB, a précisé qu'il y a une quarantaine de comités et d'associations chargés de défendre les droits de l'homme en URSS, mais qui agissent contre le régime, en accord avec *les*

General Tsvigoun, number two in the KGB, gave the information that there are about forty committees and associations whose task is to defend human rights in the USSR, but which in fact are acting against the régime, in

ennemis du peuple que sont les dissidents.	collaboration with *those enemies of the people, the dissidents.*
Il pratique *ce sport typiquement écossais qu'est le curling.*	He goes in for *that typically Scottish sport – curling.*
Il faut que les parents retrouvent le pouvoir que donne la connaissance d'*un des pivots de la société qu'est l'éducation.*	Parents must regain the power granted by knowledge of *one of the pivots of society – the educational system.*
Les plus jolies petites villes françaises, ces bijoux fragiles, disloqués mais encore si beaux *que sont* Senlis, Sarlat, Uzès	The prettiest little French towns, those fragile jewels, dismembered but still so beautiful, *such as* Senlis, Sarlat, Uzès
Cette version moderne de l'antisémitisme heritée de Staline *que constitue* l'accusation de sionisme	This modern version of antisemitism, handed down by Stalin – the accusation of Zionism

7.3 *Relative clause → Adjective*

Pour l'homme *qui l'observe du dehors,* le surréalisme est un monstre absurde.	To the *outside* observer, surrealism is an absurd monster.
Dans la situation de crise *où se trouve* le monde	In the *present* world crisis

7.4 *Relative clause → Preposition*

Les ateliers *qui occupent l'autre côté de* la rue	The workshops *across* the street
Le mouvement *qui anime* les Canadiens français	The upsurge of feeling *among* French Canadians
La sollicitude *qu'il porte à* la carrière de son plus proche collaborateur	His concern *for* the career of his closest collaborator
Il a réaffirmé la confiance *qu'il porte* aux dirigeants polonais.	He reaffirmed his confidence *in* the Polish leaders.

7.5 *Relative clause → Possessive*

L'idée *que chaque pays se fait* de l'Europe	*Each country's* (own) idea of Europe
La conception *que s'en fait* la France	*France's* conception of it
Le renouvellement des images *que les hommes se font* des civilisations disparues	*Man's* changing vision of bygone civilisations
Le sentiment d'insécurité *qui atteint les Français*	*The French people's* feeling of insecurity
Il constata que l'ambiance et l'état d'esprit *où il se trouvait* favorisaient la réflexion.	He considered that *his* surroundings and state of mind were conducive to reflection.

7.6 '... et qui ...' *Second relative clause becomes a sentence*

C'est le point de vue adopté par ces économistes dont l'objectif est de	This is the view-point taken by these economists whose object is to measure

mesurer les changements qui affectent la capacité des Etats-Unis de défendre la valeur du dollar, *et qui* estiment que cette capacité dépend des ressources liquides dont disposent les autorités monétaires des Etats-Unis.	the changes affecting the United States' ability to defend the dollar. *They* are of the opinion that this ability depends on the liquid assets at the disposal of the monetary authorities in the USA.

48 Singular → Plural

Il s'adossa aux roches à pic pour ne pas être surpris par derrière et attendit *l'événement*.	He put his back against the steep rocks so as not to be taken by surprise from behind and awaited *events*.
Le dernier échelon de *la falaise*	The last outpost of *the cliffs*
Les circonstances et *l'égarement* de l'opinion public donnaient alors à tous la quasi-certitude d'une paix éternelle.	The circumstances and *the aberrations* of public opinion gave everybody at that time the practical certainty of perpetual peace.
Ceux qui ne se fient pas à *l'apparence*	Those who do not trust *appearances*
S'ils étaient enfuis, il aurait assurément entendu quelque bruit, quelque mouvement dans *le feuillage*.	If they had fled, he would no doubt have perceived some noise or some movement among *the leaves*.
Les parents cultivèrent comme ils purent, c'est à dire juste le nécessaire pour *leur vie rétrécie*.	The parents farmed as best they could, that is to say producing the bare minimum for *their straightened circumstances*.
Le local était vacant.	*The premises* were vacant.
La drogue est à la Une.	*Drugs* are front-page news.
(Les autobus de Lyon) Nous avons amélioré *la desserte* dans *la banlieue*.	(Lyon buses) We have improved *services* in *the suburbs*.
Des discours qui déplaisent *au pouvoir*	Speeches which *the powers that be* do not like
Il est en train de mettre *la dernière main* à son texte.	He is busy putting *the finishing touches* to his text.

49 Specific → General

49.1 *Nouns*

Elle avait un grain de beauté à *la saignée* du bras gauche.	She had a beauty spot in *the crook* of the left arm.
Ce sont les pays pauvres qui paient le plus lourd *tribut* à la destruction de l'environnement.	It is the poor countries who pay the heaviest *price* when the environment is destroyed.
La machine poursuit sa *course* folle.	The machine is going on its crazy *way*.
Il s'agit d'une véritable *partie de bras-de-fer* entre le gouvernement et les syndicats.	Here we have a real *trial of strength* between the government and the unions.

On reconnaît qu'il s'est révélé *orfèvre* en la matière.	It is generally admitted that he has shown himself to be *an expert* in the matter.

49.2 *Verbs and verbal expressions*

Qui *prétend* que les Ecossais manquent d'imagination?	Who *says* that the Scots lack imagination?
J'ai vu les bombes *encadrant* un hôpital.	I saw the bombs *falling all round* a hospital.
Une expression de soulagement *a déferlé* sur le pays.	A wave of relief *swept over* the country.
En 1853, à l'arrivée d'Haussmann, Paris *comptait* un million d'habitants.	In 1853, when Haussmann arrived on the scene, Paris *had* one million inhabitants.
Le comité inter-ministériel *groupait* dix ministres.	The inter-ministerial committee *was made up of* ten ministers.
L'Union France-Radio (association d'amateurs-radio) *regroupe* 1 250 adhérents.	The France-Radio Union (an association of amateur radio operators) *has* 1,250 members.
Comme on peut s'y attendre, beaucoup de ces expériences *se soldent par* des déceptions.	As can be expected, many of these experiments *end in* disappointment.
Les syndicats japonais *axent* leurs efforts sur l'entreprise.	The Japanese unions *concentrate* their efforts on the individual business.
Il faut *laisser* la politique politicienne *au vestiaire*.	We must *put* politicking *aside*.
L'industrie des poids-lourds *bat de l'aile*.	The heavy goods vehicle industry *is in a bad way*.

49.3 *Adjective, adjectival phrase*

La mort du héros était un événement *cantonal*.	The death of the hero was a *local* event.
C'étaient là des incidents *de calendrier*.	Those were *seasonal* mishaps.

50 Subjunctive

50.1 *The optative subjunctive, that is a subjunctive in a main clause expressing a wish or an order, is often to be translated by another structure.*

Oh! *qu'il puisse y avoir* en Angleterre un impôt sur l'hypocrisie.	Oh! *if only there could be* a tax on hypocrisy in England.
Racine avait un penchant décidé à la raillerie. *Qu'on lise* les deux fameuses lettres à l'auteur des 'Hérésies imaginaires'.	Racine had a marked inclination to mockery. *You have only to read* the two notorious letters to the author of the 'Imaginary Heresies'.
Qu'on se le dise, un socialiste ministre	*It cannot be too widely known*, a socialist

n'est plus un ministre socialiste.

who becomes a minister is far from being a socialist minister.

50.2 *Conversely, a conditional clause with subjunctive may become an optative subjunctive in English.*

Pour peu que le voyageur s'arrête quelques instants dans cette Grande-Rue, il y a cent à parier contre un qu'il verra paraître M. le Maire.

Let the traveller stop but for a few moments in the High Street, it is a hundred to one that he will see His Worship the Mayor appear.

51 'Sentence tags'

These are short expressions, often to emphasise the point, to involve the listener or reader, or merely to cover hesitation.

51.1 'Donc'

Mais parlez *donc*!

Go on, speak!

Couvrez *donc* le visage du comédien mort!

Oh, cover up the dead actor's face!

Où se cachaient *donc* tous ces gens-là?

Where *can* all those folks have been hiding?

Etaient-ils *donc* morts?

Did it mean they were dead?

Créez *donc* votre entreprise!

Why don't you start your own business?

51.2 'Voilà'

Nous *voilà* à l'entrée des tropiques.

Here we are, at the entrance to the Tropics.

Mais, *voilà*, Rocard, lui a changé de tactique.

But *the fact is/you must realise* that Rocard, for his part, has changed tactics.

Plume s'excusa aussitôt, '*Voilà*, dit-il, étant pressé, je n'ai pas pris la peine de consulter la carte'.

Plume immediately apologised, '*You know how it is*', he said, 'because I was in a hurry, I didn't bother to look at the menu'.

51.3 'Voici'

Voici que les chemins de terre se chargent de mâchefer, s'enduisent de goudron.

And now the cart tracks are covered with clinker and coated with tar.

Or voici que les choses changent.

But now things are changing.

Or voici que l'Arabie Séoudite annonce une hausse de prix du pétrole.

So now Saudi-Arabia announces an increase in oil prices.

Voici chevaux et chevaliers battant les bois et les halliers

Lo! horses and riders scour woods and thickets

A la bonne heure, voilà un programme large et bien entendu!

Splendid!/Well said! There's a broad well conceived programme for you!

'Ne vous fatiguez pas pour nous, oncle Théo', dit Marc.

'Don't put on an act for us, uncle Théo', said Marc.

'*Hein?*'

'*What's that?*'

'Ce n'est *tout de même* pas le goût du sacrifice qui vous a fait accepter un poste rue Royale, *comme vous dites.*'

'*You don't really mean to say* that it was a passion for self-sacrifice that made you accept a post in the Rue Royale.'

La France sut se reforger une armée qui se battait, *ma foi!* fort bien.

France was able to mould for itself an army which, *undeniably*, fought very well.

Alors, *ma foi*, comme c'était devant lui ...

Then, *well*, as it was in front of him ...

Le comte, la comtesse, la belle Yolande, l'abbé, *que dis-je*, l'enfant même, chacun se sentait capable de tout.

The count, the countess, beautiful Yolande, the abbé, *nay*, the little boy himself, each felt capable of anything.

Figurez-vous qu'il m'est arrivé une drôle d'aventure ces jours-ci.

You will never believe the weird thing that befell me just recently.

Cet escalier devait conduire à un restaurant quelconque, ou, *que sais-je*, à des ateliers?

This staircase must surely lead to some restaurant or other or, *maybe*, to workshops?

La progression de la zone de pluie sera freinée, *voire* bloquée.

The advance of the rain-belt will be slowed down, *indeed* halted.

J'aime mieux une cuisinière qui marche au bois, mais *qu'est-ce que tu veux?*

I prefer a cooker that burns wood but *it can't be helped.*

52 Verb → Adjective

Il estimait que la diplomatie française *datait* d'un autre siècle.

He gave it as his opinion that French diplomacy was at least a century *out of date.*

Il ne dédaigne pas de mettre la main à l'ouvrage.

He is not *too proud* to give a helping hand.

Des rues boueuses ou désertiques, où *s'ennuient* des bandes d'enfants

Muddy or barren streets, in which gangs of *bored* children stand about

Giacometti *sait* raffiner la vibration de la matière.

Giacometti is *expert* in refining the vibration of matter.

L'esprit *répugne* d'instinct à comprendre une telle brutalité.

Instinctively the mind is *reluctant* to take in such brutality.

Si le gouvernement *tarde* à prendre des mesures en faveur des petites entreprises, il y aura des dépôts de bilan en cascade.

If the government is *too slow* in taking measures to help small businesses, there will be a rapid succession of bankruptcies.

53 Verb → Adverb

On se plaît encore quelquefois à représenter le colonisateur comme un homme de haute taille, bronzé par le soleil, appuyé sur une pelle.

The colonist is still sometimes *complacently* depicted as a tall, sun-tanned man, leaning on a spade.

La teinte foncée du ciel *arrivait*, par d'insensibles dégradations, *à se confondre* avec la couleur des eaux bleuâtres.

The deep hue of the sky, through a series of imperceptibly deepening tints, was *finally indistinguishable* from the colour of the bluish waters.

Il *ne tardera pas* à neiger.

It will *soon* be snowing.

Voilà les grandes lignes du feuilleton qu'on *s'essouffle* à suivre, jour après jour.

There, in broad outline, is the serial story which people are *breathlessly* following, day by day.

Mais *j'ai fini par* la convaincre.

But I *finally* convinced her.

Ils ne donnent pas d'articles aux journaux. *Ils se contentent de* publier, de temps en temps, des livres magnifiques.

They do not write articles for the newspapers. They *simply* publish magnificent books from time to time.

La situation *ne fait que* se dégrader de jour en jour.

The situation is getting *steadily* worse from day to day.

Il s'est acharné à détruire Mitterand après la rupture avec les socialistes en 1977.

Fiercely and unrelentingly he tried to destroy Mitterand after the break with the socialists in 1977.

Alexis de Tocqueville *ne se lassait pas de* déplorer la centralisation administrative qui, à travers les siècles, les révolutions et les régimes, *ne cessait de* progresser.

Alexis de Tocqueville was *forever* deploring centralised administration which, through centuries, revolutions and changes of government, was *continually* gaining ground.

54 Verb → Noun

Sans presque *récriminer*

Almost without *a word of protest*

Il se tourna vers ma nièce, *sourit discrètement*.

He turned towards my niece, *with a half smile/a flicker of a smile*.

J'eus le temps de *penser* très vite : 'Le nom n'est pas allemand'.

A thought flashed through my mind : 'The name isn't German'.

Le dernier mot, prononcé *en traînant*, tomba dans le silence.

The last word, pronounced *with a slight drawl*, fell into the silence.

Je *respirai* profondément.

I took a deep *breath*.

L'éducation en Angleterre *a* toujours *visé* à former des hommes, des citoyens, des caractères plus que des cerveaux.

The aim of the English educational system has always been to produce men, citizens and characters rather than brains.

On ne voit pas *se dessiner* une compromission.

There does not seem to be *any sign* of a compromise.

C'est ainsi qu'a pu *s'édifier* cette superstructure manufacturière et parallèlement *s'épanouir* cette population aujourd'hui trop dense.

This accounts for the *building-up* of this manufacturing superstructure and, by a parallel movement, for *the growth* of that now too dense population.

Un des voyageurs s'indigna soudain que le contrôleur *eût obstinément refusé* d'ouvrir l'accès au couloir du wagon-lit.

One of the passengers suddenly complained indignantly about the guard's *obstinate refusal* to unlock the door leading into the sleeping-car corridor.

Rien n'était *prévu* pour s'asseoir.

There was no *provision* for sitting down.

Il y a des gens qui lorsqu'ils attendent le sommeil, entrent en fureur pour une voix qui *murmure* ou pour une chaise un peu *vivement remuée*.

There are people who, when they are trying to get off to sleep, get into a rage because of *the murmur* of a voice or *the sudden movement* of a chair.

La révolte *gronde*.

There are *rumbles* of revolt.

On connaît le poison *en s'approchant du réel*.

Close contact with reality reveals the poison.

Un court séjour au Québec permet de *mieux comprendre* les problèmes à l'ordre du jour au Canada.

A short stay in the Province of Quebec makes for *a better understanding* of Canada's present-day problems.

---

55 Verb → Verb + adverb/preposition/adjective

Tant pis pour ceux qui se trouveraient sur sa route : ils seraient *balayés*.

So much the worse for those who got in his way: they would be *swept aside*.

Ne *jetons* pas trop légèrement cette chance.

Let us not unheedingly *throw away* this chance.

Cette audace et cette témérité n'abandonnaient pas Cyrano lorsqu'il *quittait* l'épée pour la plume.

This boldness and this recklessness did not forsake Cyrano when he *laid aside* the sword for the pen.

Elle *posa* sa tasse.

She *put* her cup *down*.

Nous ne pouvons pas échapper à l'accablante évidence que 20000 ans d'histoire sont *joués*.

We cannot escape the overwhelming evidence that 20,000 years of history are being *gambled away*.

L'accroissement continu du sous-prolétariat noir a largement contribué à *briser* les inhibitions qui entravaient le mouvement de protestation noir dans sa phase rurale.

The continuous growth of the black urban sub-proletariat has contributed in a large measure to the *breaking-down* of the inhibitions hampering the black protest movement in its rural phase.

C'est une piste à *suivre*.

It's a clue to be *followed up*.

Le lion dort dans l'antre qu'il se *creuse* souvent lui-même en *grattant* la terre au-dessous d'un rocher.

The lion is sleeping in the den which often he *digs out* himself by *scraping away* the ground below a rock.

A gauche, en *se penchant*, on apercevait la Tour Eiffel.

To the left, by *leaning out*, one could glimpse the Eiffel Tower.

Fiévreusement, les femmes *épinglent* leurs jupes, les hommes *retirent* leurs vestons, le presbytérien *plie* sa redingote et aussitôt ils entreprennent l'escalade.

Feverishly, the women *pin up* their skirts, the men *take off* their jackets, the Presbyterian *folds up* his frock-coat and right away they undertake the climb.

La lassitude *prend* parfois, quand arrive un livre nouveau sur ce pays et son système social, dont depuis plus de soixante ans on débat.	Weariness sometimes *sets in*, when a new book comes along about this country and its social system, which has been the subject of argument for more than sixty years.
La bande d'adolescents *courait* les bals, les réceptions, les expositions, les concerts.	The gang of young people *went round* all the dances, the parties, the exhibitions, the concerts.
Il *pivota* sur le talon gauche.	He *swung round* on his left heel.
Ces architectures *escaladant* le ciel	These architectural masses *climbing up into* the sky
La réforme était pour le gouvernement une occasion de *secouer* le joug des brevets américains.	The reform was an opportunity for the government to *shake off* the stranglehold of American patents.
Il *immerge* sa caméra dans la mémoire des gens qui *ont vécu*, chacun à sa manière, la même époque.	He plunges his camera into the memory of people who, each in his or her own way, have *lived through* the same era.
Un fusil de chasse à canon *scié*.	A *sawn-off* shot-gun.
Le docteur eut le bonheur de trouver un petit poêle que l'explosion avait à peu près *respecté*.	The doctor was lucky enough to find a small stove which the explosion had *left* more or less *intact*.

55.1 *Verb + direct object ('les yeux/le regard/la tête')* → *Verb + preposition*

Il *détourna* les yeux.	He looked *away*.
Alain avait *relevé* la tête.	Alain had looked *up*.
Elle *baissa* la tête.	She looked *down*.
Il *leva vers* moi sa tête avec ses petits yeux.	He looked *up at* me with his little eyes.

---

56 Verb + adverb or adverbial phrase → Verb or verb + preposition

---

56.1 *Often there is a single verb in English which translates the French.*

Je *buvais* mon café *à petits coups*.	I was *sipping* my coffee.
L'homme le *regarde d'un air ahuri*.	The man *gapes* at him.
Il leur *a dit tout bas* de se taire.	He *whispered* to them to be quiet.
Elle leur *fit un geste* joyeux *de la main*.	She gaily *waved* to them.
La petite Américaine *y passe* comme une hirondelle au ralenti *d'un frôlement exact*.	The little American girl *skims over it* with the precision of a swallow in slow motion.
Il *lavait* le pont *à jet de lance*.	He was *hosing* the deck.
Les sauvages nous *ont attaqués à coups de pierre*.	The savages *stoned* us.
Il saisit la poupée par un bras et la *lança à toute volée* à travers les spectateurs.	He grabbed the doll by one arm and *hurled* it across the audience.
Puis elle se dirigea vers la porte, ses talons *résonnant sèchement* sur le carrelage.	The she made for the door, her heels *clattering/click-clacking* on the tiled floor.
Il *lança* son épée en l'air *avec force* et la	He *flung* his sword into the air and caught

reçut dans la main droite.	it again in his right hand.

56.2 *Sometimes the English equivalent is a phrasal verb.*

Un mot du chef de la bande *brutalement jeté*	One word *spat out* by the gang leader
Deux ou trois brins de tabac tombent sur son pantalon, d'où il *les chasse d'une chiquenaude.*	Two or three wisps of tobacco fall onto his trousers and *he flicks them off.*
Elle *remontait sans bruit* dans sa chambre.	She would *steal back up* to her room.
Un CRS *a tué d'une rafale de pistolet* un jeune Algérien.	A Republican Security Guard *gunned down* an Algerian youth.

56.3 *Often there is 'criss-crossing', where French verb → English preposition and French adverbial phrase → English verb.*

Le train *montait en soufflant.*	The train *puffed upwards.*
L'animal *avança à pas feutrés.*	The animal *padded forward.*
Le président *est rentré d'urgence* à Washington.	The president *rushed back* to Washington.
Elle *avança* un peu *en rampant.*	She *crept* a little further *forward.*
Je devais *rentrer chez moi* le lendemain *par avion.*	I was to *fly home* the following day.
Le chien *s'éloigna* de lui *par une marche de côté.*	The dog *sidled away* from him.
On ne peut s'empêcher de *se reporter par la pensée* à cette année-là.	One cannot help *thinking back* to that year.

---

57 Shift of view-point

Il est *revenu* sur sa décision.	He has *gone back* on his decision.
L'Américain, avant de faire des livres, a souvent exercé des métiers manuels, il y *revient.*	Before writing books, the American has often engaged in manual work and *goes back* to it.
Le fleuve encaissé dans ses rives *profondes*	The river enclosed between its *high* banks
La *haute* vénération unanimement accordée à la véritable Anglaise accomplie	The *deep* reverence which everyone pays to the truly accomplished Englishwoman
Les rayons obliques du soleil filtraient entre les *dernières* branches.	The sun's slanting rays were stealing through the *topmost* branches.
Il gisait, *dressé sur son buste.*	He lay *with his back propped up.*
Antoine *évita le regard de son frère.*	Antoine *kept his eyes averted from his brother.*
Des civilisations *disparues*	*Bygone* civilisations
Il ne faut pas *se séparer* de son parapluie et de sa petite laine.	You mustn't *go without* your umbrella and your woollies.
Les portes *battirent.*	The doors *swung to.*
La culture littéraire de Mlle de Bauret *ne*	Mlle de Bauret's literary culture *did not go*

commençait qu'à la fin du dix-neuvième siècle.	*further back than* the end of the nineteenth century.
C'est vraiment *tourner le dos à* la réalité.	That is really *refusing to face up to* the facts.
Ils ont l'impression de *faire du sur-place*.	They feel that they are *not getting anywhere/not making any progress*.
Il connaissait tous les potins et tous *les dessous* de la vie parisienne.	He knew all the gossip and *inside information* about Parisian life.
Un *permanent* du parti	A *full-time* party *official*
Des révolutionnaires *permanents*	*Professional* revolutionaries
Roulez moins vite. Pensez à *rester visible*.	Drive more slowly. Make sure that *others can see you*.
Le toit de plomb semble en pente raide, mais *il colle très bien au pied*.	The leaded roof seems steeply sloping, but *you can get a firm foot-hold on it*.
La sélection historique est dirigée par *les questions que le présent pose au passé*.	Selection of historical material is directed by *the answers which the present expects from the past*.
Deux rangs de maisons hautes, nues, sales, *percées de* petites fenêtres sans rideaux	Two rows of tall, bare, filthy houses, *with* little curtainless windows *set in them*
Sans le long sillon rapidement *effacé* que le brick laissait derrière lui, les voyageurs auraient pu se croire immobiles au milieu de l'Océan, tant la mer était calme.	Had it not been for the long rapidly-*vanishing* wake that the brig left behind it, the travellers might have thought that they were motionless in the middle of the Atlantic, so calm was the sea.
Dans notre région, une cuisine sans saucisses et boudins en chapelet *sous* le plafond serait déshonorée.	In our part of the world, a kitchen without its strings of sausages and black puddings *hanging from* the ceiling would be a disgrace.
Il gagnait péniblement sa vie en vendant des tableaux *contestables*.	He made a poor living selling paintings *of doubtful authenticity*.
L'aide aux pays *les moins avancés*	Aid to *underdeveloped* countries

ENGLISH–FRENCH

58 Abstract → Concrete

The meeting of remorseless *deadlines*

Le respect absolu d'un *calendrier* rigoureux

Trained *minds*

Des *têtes* bien faites

More publicity should be given to alternative forms of higher education, so that fewer students *graduate* to *frustration*.

Il faut accorder plus de publicité aux autres types de formation supérieure, afin de réduire le nombre des étudiants dont *le diplôme* ne *débouche* que sur *une impasse.*

The Japanese have *concentrated* on economics to the detriment of politics. Unlike the more ascetic visionaries, they accept *life*.

Les Japonais ont *mis le paquet* sur l'économique au dépens du politique. A l'encontre des visionnaires plus ascétiques, ils acceptent *le monde tel qu'il est.*

Sizeable credits have *been made available*.

Des crédits importants *ont été débloqués.*

59 Active → Passive

59.1 *In order to have an animate noun or pronoun as subject in French*

The Red Cross *welcomed the repatriates*.

Les rapatriés *ont été accueillis* par la Croix-Rouge.

Gas poisoning *affected six Spanish workers.*

Six ouvriers espagnols ont été intoxiqués par le gaz.

The Catholic movement *invited him* to give a lecture.

Il a été invité par le mouvement catholique à donner une conférence.

The Spanish ambassador declared that ten thousand devils *possessed her.*

L'ambassadeur espagnol déclara qu'*elle était possédée* de dix mille démons.

The Englishman's habit of not working frantically hard saves him from the nervous and physical tension that often *affects those* who do.

La coutume, chère à l'Anglais, de ne pas trimer comme un fou, lui épargne la tension nerveuse et corporelle dont souvent *sont affligés ceux* qui sont moins prudents.

59.2 *In order to have a singular noun as subject*

Six men *kidnapped a land-owner* on Friday.

Un propriétaire terrien a été enlevé vendredi par six hommes.

Communist elements are partly *behind the rebellion.*

La rébellion est en partie *contrôlée* par des éléments communistes.

Two enemy aircraft *attacked and damaged a reconnaissance'plane.*

Un avion de reconnaissance a été attaqué et endommagé par deux appareils ennemis.

Several chemical substances *make up this product.*

Ce produit est composé de plusieurs produits chimiques.

59.3 *A relative clause with active verb may be neatly rendered by a past participle.*

The Thirty-Nine Articles which few *have read* and none *believe.*

Les Trente-Neuf Articles, *lus* de peu de gens et *crus* de personne.

The agreement, which the two parties *have accepted*, has come into force.

L'accord, *approuvé* par les deux parties, est entré en vigueur.

The politicians, whom the Head of State *consulted* yesterday, have been very guarded in their comments.

Les hommes politiques, *consultés* hier par le chef de l'Etat, se sont montrés très réservés.

The measures which the conference *adopted* are of great significance.

Les dispositions *adoptées* par la conférence sont d'une grande portée.

60 Adjective → Adjectival phrase

Your *sentimental* correspondents
Ordinary people
A *fair* question
A *potential* murderer

Vos correspondants *au cœur sensible*
Des gens *comme les autres*
Une question *sans équivoque*
Un assassin *en puissance*

61 Adjective → Relative clause

An enormously *readable* book

Un livre *qui se lit* avec un plaisir considérable

The enchantingly *familiar* passages from the Book of Common Prayer

Les passages du Livre de Prières *qu'on retrouve toujours* avec le même enchantement

There was a region of twilight thickets with little gates all *bright* in the blue and brown obscurity.

Il y avait une région de fourrés crépusculaires avec de petites barrières *qui tranchaient* sur la pénombre brune et bleue.

I've found a *perfect* card for her.

J'ai trouvé pour elle une carte *qui fait parfaitement l'affaire.*

It is a game *full of* forlorn hopes and sudden dramatic changes of fortune.

C'est un sport *où abondent* les tentatives désespérées et les rebondissements soudains et spectaculaires.

Where *appropriate*, the book is optimistic.

Le livre est optimiste là *où on a le droit de l'être.*

Heartfelt applause

Des applaudissements *qui partaient vraiment du fond du cœur*

A thousand *nameless* beauties of nature	Mille beautés de la nature *qu'on ne saurait décrire*
Some *unaccountable* turn of thought	Un tour d'esprit *dont il serait impossible de rendre raison*
I returned from a *solitary* ramble.	Je revins d'une randonnée à pied *que j'avais faite seul.*
He was mumbling to himself under the influence of *ungovernable* excitement.	Il grommelait à part lui, sous l'influence d'une émotion *qu'il ne parvenait pas à maîtriser.*
An increasing number of *clever* people pounce upon the verdicts of history and turn them inside out.	Un nombre croissant de gens *qui se piquent d'intelligence* se saisissent des jugements de l'histoire et vous les retournent complètement.
The great *unwashed* of Ipswich	Ceux des habitants d'Ipswich *qui n'affectionnaient point le savon*
He suffered a *blameless* and unexpected financial difficulty.	Il a été victime de difficultés financières inattendues *qu'on ne saurait lui reprocher.*
My *emerging* theory	La théorie *que je commençais à échafauder*
To take an *obvious* example	Pour prendre un exemple *qui s'impose/qui saute aux yeux*

62 Adjective → Noun

We are certainly the *richer* by the possession of this remarkable book.	Certainement c'est pour nous *un enrichissement* que de posséder ce livre remarquable.
Faces affecting some *faint* emotion	Des visages affectant *un soupçon* d'émotion
How earnest I was in compiling that reading list!	*Avec quel sérieux* je dressai cette liste de lectures!
He had not yet come to his *full* strength.	Il n'avait pas encore atteint *la plénitude* de sa force.
The *greater* output of doctors of philosophy	*L'augmentation* de l'effectif des promotions de docteurs du troisième cycle littéraire
There was a *momentary* silence.	Il y eut *un moment* de silence.

63 Adjective → 'De' + noun

The *reforming* spirit	L'esprit *de réforme*
He was in an *inspired* mood.	Il était dans une de ses périodes *d'inspiration.*
A *weak* policy of drift and laissez-faire	Une politique *de faiblesse* fondée sur l'inertie et le laisser-aller
A particular blend of *intellectual* and *personal* qualities	Une combinaison bien particulière de qualités *d'esprit* et *de caractère*

In *troubled* times	Pendant les périodes *de troubles*
A *dreamy* deafness	Un assourdissement *de rêve*
There are *responsible* jobs around which need filling.	Il existe un peu partout des postes *de responsabilité* pour lesquels on a besoin de personnel.
Personal and *national* needs	Les besoins *de l'individu* et ceux *de la nation*
The *proletarian* girl	La fille *du peuple*
The naïve qualities of the *native* style	Les qualités naïves du style *du pays*
The *local* wine	Le vin *du pays*

64 Adjective + noun → Noun + 'et' + noun

The bare idea fills me with *creeping terror*.	La seule idée me remplit de *frayeur* et de *frissons*.
The summary of his cause is given with *temperate mastery*.	Le résumé de sa cause est présenté avec *modération* et *habileté*.
You laugh with the natives at the *uncouth antics* of your compatriots.	Vous riez avec les gens du pays devant *les gaucheries* et *les singeries* de vos compatriotes.
The lakes became grey and dull and motionless, speckled with a *sleety rain*.	Les lacs devinrent gris, mornes et immobiles, pointillés de *pluie* et de *grésil*.
The *mellowed richness* of its colouring	*La richesse* et *le moelleux* de ses teintes

64.1 *Where the adjective is very close in meaning to the noun which it qualifies, 'et' may be omitted between the two French nouns.*

Then began a *thrashing disturbance* in the water.	Puis se produisit *un battement, un bouleversement* dans l'eau.

65 Adjective → Verb

You are *conspicuous* but *ignored*.	*Vous vous faites remarquer* pourtant *on vous ignore.*
The delay has been *damaging*.	Le temps perdu *n'a fait qu'aggraver la situation.*
The avenue of limes with the grey sleepy face of the mansion at the end was like some *half-real* vision of eighteenth-century France.	L'avenue de tilleuls avec la grise façade endormie dans le fond semblait *à demi matérialiser* quelque vision de la France du dix-huitième siècle.
Cricket is nowhere near as *popular* as football.	Le cricket *ne rencontre pas la même faveur* que le football.
I am *devoted* to the classics.	Je *voue un véritable culte* aux classiques.
It is like that awful *first* day at a new school.	Cela ressemble à cette affreuse journée où *vous débutiez* dans une nouvelle école.
I was by no means *singular* in starting	J'étais loin de *me singulariser* lorsque je

work for my exams only about a fortnight before they were due.

me mettais à travailler pour de bon quinze jours seulement avant la date de l'examen.

In Iran, the revolutionary courts are *merciless* to dissidents.

En Iran, les tribunaux révolutionnaires *se déchaînent* contre les opposants.

66 Adverb → Adjective or adjectival phrase

For several years, the shadow of American competition has loomed, *menacingly*, over the British computer industry.

Depuis plusieurs ans, l'ombre de la concurrence américaine plane, *menaçante*, sur l'industrie britannique des ordinateurs.

He leaned *sulkily* against the wall.

Il s'appuya, *morose*, contre le mur.

He clicked his tongue *censoriously*.

Il fit claquer sa langue, *désapprobateur*.

We need not stand by *helplessly*.

Il n'est pas inévitable que nous restions sans rien faire, *impuissants*.

It occurred to him, *fleetingly*, that perhaps he needed someone like her.

L'idée lui vint, *fugace*, qu'il avait peut-être besoin d'une personne comme elle.

The meadows were *sparsely* bordered with poplars.

Les prés étaient bordés de quelques *rares* peupliers.

We ordered special superior fruit-trees, not *just* apple-trees.

Nous avons commandé des arbres fruitiers spéciaux de qualité supérieure, non pas des pommiers *vulgaires/ quelconques*.

The dog stood still for a moment or so, *wonderingly*.

Le chien resta immobile un moment ou deux, *rempli d'étonnement*.

The spread of sails, *unexpectedly* enormous

L'envergure des voiles, immenses *au-delà de toute attente*

67 Adverb → Adverbial phrase

Some French adjectives do not have an adverbial form (e.g. 'agité', 'content'); in other cases, the adverbial form ending in 'ment' is felt to be heavy and clumsy. Various periphrases are used.

67.1 '*D'une façon/de façon/d'un ton/d'un air/d'une voix/d'un geste/d'un pas . . .*'

There was much need of professional assistance not merely for the mother but still *more urgently* for the child.

Il y avait grand besoin d'une aide professionnelle non seulement pour la mère mais aussi et *d'une façon plus urgente* pour l'enfant.

All that enables him to entertain us *so effectively*.

Tout cela le rend capable de nous divertir *d'une façon si efficace*.

The birds had sung *erratically* and *spasmodically* in the dawn.

Les oiseaux avaient chanté à l'aurore *de façon intermittente et spasmodique*.

She *selflessly* gave up years of her youth.	Elle sacrifia, *de façon désintéressée*, plusieurs années de sa jeunesse.
'I was there' said Chris *lightly*.	'J'y étais' dit Chris *d'un ton dégagé*.
'I'm coming' said Smyllie *magisterially*.	'J'arrive' dit Smyllie *d'un ton de grand seigneur*.
'No, dear father!' she burst out *entreatingly*.	'Non, père chéri!' s'écria-t-elle *d'un ton suppliant*.
'You're welcome' said the policeman *briskly*.	'Vous êtes le bienvenu' dit le gendarme *d'un ton guilleret*.
He looked at them *scornfully*.	Il les regarda *d'un air de mépris*.
The church clock began *muffledly* to chime the quarters.	L'horloge de l'église commença à sonner *d'une voix sourde* les quatre coups de l'heure.
The strike fund figure was read last, *slowly and loudly*.	Le montant du fond de secours fut cité en dernier lieu, *d'une voix lente et puissante*.
Smartly he sliced through the tendon above the heel.	*D'un geste vif* il trancha le tendon au-dessus du talon.
He walked *jauntily* down the street.	Il descendit la rue *d'un pas allègre*.

67.2 *'Avec'* + *abstract noun*

They were pointing *excitedly* to a huge hoarding.	Ils désignaient *avec agitation* un énorme panneau.
Men of genius and learning *eagerly* flocked to this house.	Des hommes de génie et de grand savoir se rendaient *avec empressement* dans cette maison.
We must compare *fairly*.	Il faut comparer *avec impartialité*.
My heart began to beat softly and *insistently*.	Mon cœur se mit à battre doucement mais *avec insistance*.
The women and children were delivered up to Akbar Khan, who promised to treat them *kindly*.	On remit les femmes et les enfants à Akbar Khan qui promit de les traiter *avec humanité/bienveillance*.
Horses, too, could be heard snorting *derisively*.	On entendait aussi des chevaux s'ébrouer *avec dérision*.
Everything should be presented *decorously*.	Il faudrait tout présenter *avec décorum*.
Their gifts, *so easily* bestowed, *so thankfully* received	Leurs cadeaux accordés *avec tant de facilité*, reçus *avec tant de reconnaissance*
Across the lake, Pallanza glittered but *not so brightly* as the stars overhead.	De l'autre côté du lac, Pallanza scintillait mais *avec moins d'éclat* que les étoiles dans le ciel.
He sighed *sympathetically*.	Il soupira *avec compassion*.
No one has ever *more skilfully* communicated his own disenchantment.	Nul n'a jamais exprimé son propre désenchantement *avec plus d'art*.
The law operated against him *equally harshly*.	La loi s'abattait sur lui *avec autant de sévérité*.
Repressiveness is perhaps *the more vigorously* maintained the more unnecessary	La répression est peut-être maintenue *avec d'autant plus de vigueur* qu'elle

78

it becomes.	devient moins nécessaire.
Nothing *so sharply* reminds a man he is mortal.	Rien ne rappelle *avec tant d'acuité* qu'on est mortel.
Then all at once the storm burst *catastrophically*.	Puis tout à coup l'orage éclata *avec la violence d'un cataclysme*.

67.3 'Sans' + abstract noun; 'sans' + infinitive

Vaguely, her footsteps took her to various shrines where she had worshipped so often before.	*Sans but précis*, elle se laissa mener par ses pas à divers sanctuaires auxquels elle avait si souvent jadis rendu un culte.
It was the great duty of their lives stubbornly to endure, and *fiercely* to retaliate, the attacks of their feudal enemies.	Le premier devoir de leur existence était de souffrir avec courage, mais aussi de rendre *sans pitié* les attaques de leurs ennemis féodaux.
You may *safely* diagnose in the breast of one of the two Englishmen, humiliation, envy, ill-will and impotent rage.	On peut, *sans crainte de se tromper*, diagnostiquer dans le cœur de l'un des deux Anglais, l'humiliation, l'envie, la rancune et la fureur impuissante.
Massive double doors proclaimed *unmistakably*: 'Nothing but us stands between you and Lord Copper'.	Une double porte massive annonçait *sans erreur possible*: 'Il ne reste plus que nous entre Lord Copper et vous'.
He knows *exactly* how to take up the argument from the point it has reached.	Il sait, *sans erreur possible*, comment entrer dans la discussion au point où elle en est arrivée.
He *directly* taxed me with the trouble legible on my countenance.	Il me blâma *sans détours* de l'inquiétude qui se lisait sur mon front.
He *freely* criticized the conduct of the generals.	Il critiqua *sans se gêner* la conduite des généraux.
He had entered into this thing *thoughtlessly*.	Il s'était engagé dans cette affaire *sans y penser*.
'Do not go *gently* into that good night'.	'N'entre pas *sans violence* dans cette bonne nuit'.

67.4 'A' + noun; 'à' + infinitive; 'à la' + feminine adjective

This dog is *wonderfully* obedient	Ce chien est obéissant *à souhait*
Wrongfully arrested	Arrêté *au mépris de la loi*
'Are you there?' she *softly* asked.	'Vous êtes là?' demanda-t-elle *à voix basse*.
It is *unmistakably* she who is sitting there.	C'est bien elle, *à n'en pas douter*, qui est assise là.
Actually I let in the clutch a trifle quickly.	*A vrai dire*, j'ai embrayé un peu vite.
He was not *actually* breaking any rule.	Il ne violait, *à proprement parler*, aucune règle.
Stones do not fall to the ground in consequence of the law of gravity, as people sometimes *carelessly* say.	Les pierres ne tombent pas sur le sol en conséquence de la loi de la pesanteur, comme on le dit souvent *à la légère*.

Privately, quite a few of those in government regret this choice.

En privé, nombre de responsables au gouvernement regrettent ce choix.

A *seemingly* impossible task

Une tâche *en apparence* impossible

The dissident was prosecuted *ostensibly* for theft.

Le dissident fut poursuivi devant un tribunal criminel *en apparence* pour le vol. ('Ostensiblement' is 'un faux ami' and means 'conspicuously'.)

He cannot *rightfully* be compelled to act thus.

On ne peut pas *en bonne justice* l'obliger à agir ainsi.

Their story has been told but *briefly*.

Leur histoire n'a été contée qu'*en peu de mots*.

This will lead *ultimately* to promotion.

Cela conduira *en dernier lieu* à l'avancement.

67.6 *Phrases with other prepositions*

Naturally, though some customers remained devoted to Mr Marshall, most folks couldn't resist Rufus McPherson.

Par la force des choses, si quelques clients restèrent fidèles à M. Marshall, la plupart des gens ne purent résister à Rufus McPherson.

This is only an atrocious extension of the misuse to which any computer system is *inherently* liable.

Ce n'est là qu'un exemple un peu plus poussé, et atroce, du mauvais usage auquel se prête *par sa nature même* tout système d'ordinateurs.

The landlady *evidently* read a lurid Sunday journal.

La patronne, *de toute évidence*, lisait le dimanche un journal à sensation.

Respect for the law which he *clearly* values so highly is not necessarily respect for justice.

Le respect de la loi dont, *de toute évidence*, il fait si grand cas, n'est pas forcément le respect de la justice.

A book *so simply* written

Un livre écrit *dans un style si simple*

Essentially they must be seen as myths.

Il faut les considérer *dans leur essence* comme des mythes.

It is a street in which, presumably and *unreasonably*, certain human beings have their habitation.

C'est une rue où, vraisemblablement et *contre toute raison*, une certaine espèce d'êtres humains a élu domicile.

For the majority of them, the outlook is very different. *Quite simply*, they face a dead end.

Pour ceux-là, dans leur majorité, le pronostic est tout différent. *Pour parler net*, ils sont dans une impasse.

68 Adverb → Clause

Some adverbs qualify a whole statement and are best converted into a clause.

The lot of the anthologist is *notoriously* hard.

Chacun sait que le sort du faiseur d'anthologie est dur.

The old Catholic families *naturally* resorted to this place for worship.

Il était normal que les vieilles familles catholiques se rendissent à cet endroit

Juliet, *naturally*, must have seen all this.

Il est évident que Juliette ait dû voir tout cela.

The western Powers could not *conceivably* agree to such a suggestion.

Il n'était pas concevable que les puissances occidentales acceptent une telle proposition.

His silence has *understandably* been accepted as condoning bomb-throwing.

*Il est tout à fait compréhensible qu'*on ait vu dans son silence une approbation tacite de la pose des bombes.

Harold would be *more fittingly* laid upon the Saxon shore which he had given his life to defend.

*Il serait plus convenable qu'*Harold se reposât sur le rivage saxon qu'il avait défendu avec sa vie.

Lindisfarne has been *aptly* named the Iona of England.

*C'est fort à propos qu'*on a donné à Lindisfarne l'appellation d'Iona anglaise.

Surprisingly, it was with Lloyd George that he was the most closely associated.

Il était étonnant que ce fût avec Lloyd George qu'il se lia le plus étroitement.

Not surprisingly, the Swiss are concentrating their efforts on the welfare of those who have been interned.

Comme on aurait pu s'y attendre, les Suisses font tous leurs efforts pour assurer le bien-être des internés.

This book can *obviously* not claim to provide modern man with the means of overcoming such a crisis.

Il est évident que ce livre ne saurait avoir la prétention de donner à l'homme moderne les moyens de surmonter une telle crise.

The clergyman said: 'My view of morality is, *inevitably*, the orthodox Christian view'.

L'ecclésiastique dit: 'Mon opinion sur la morale *ne peut être que* conforme à l'orthodoxie chrétienne'.

This value system *actually* increases the problems.

Ce système de valeurs *ne fait qu'*exacerber les problèmes.

For the young, any happening *sufficiently* new was good.

Aux yeux des jeunes, n'importe quel événement était le bienvenu, *pourvu qu'il fût* neuf.

Characteristically, he made a mistake over the date.

*C'était bien de lui qu'*il se trompa de date.

69 Adverb + adjective → Adjective + abstract noun

69.1 *The commonest case involves phrases with 'de'.*

He had become all at once *deadly pale*.

Il était subitement devenu *d'une pâleur mortelle*.

The kitchen was *remarkably clean*.

La cuisine était *d'une propreté remarquable*.

A steep and lofty bank of land, almost *interminably long*

Une levée de terre escarpée et haute, *d'une longueur* presque *interminable*

The old streets are *quaintly picturesque*.

Les vieilles rues sont *d'un pittoresque bizarre*.

The General shrugged his shoulders, *wisely tolerant*.

Le général eut un haussement d'épaules, *signe d'une sage indulgence*.

He was living off his *hopelessly inadequate* pension.	Il vivait de sa retraite, *d'une insuffisance lamentable.*
I take a wicked pleasure in being *picturesquely untidy.*	Je me complais malicieusement à être *d'un débraillé pittoresque.*
My life appeared to me *frighteningly monotonous.*	Ma vie m'a paru *d'une effrayante monotonie.*

69.2 *Phrases with 'avec'*

The tugs moved the ship from the basin in their *fussily efficient* way.	Les remorqueurs, *avec leur efficacité méticuleuse,* firent quitter le bassin au navire.
Her piano playing was *execrably fluent.*	Elle jouait du piano *avec une exécrable facilité.*

69.3 *Expansion into a relative clause*

The *fatally victorious* current of modern folly, cruelty and ruin.	Le courant actuel de folie, de cruauté et de destruction *qui remporte une victoire funeste.*
There is nothing *so poignantly sad* as old family photographs.	Il n'est rien *d'où émane une tristesse aussi poignante* que de vieilles photographies de famille.

70 Affirmative → Negative

70.1 *Verbs and verbal expressions*

I cannot conceive how our horses managed *to keep their footing.*	Je ne puis comprendre comment nos chevaux firent *pour ne pas trébucher.*
He keeps his eye on all the company.	*Il ne perd de vue* aucun des membres de la compagnie.
He recollects to whom he is speaking.	*Il n'oublie pas* à qui il parle.
The law gave no relief if the buyer *fell into arrears.*	La loi n'offrait aucun recours si l'acheteur *ne réglait pas en temps voulu.*
They managed to make the canoes sufficiently watertight *to carry their weight.*	Ils arrivèrent à rendre les pirogues suffisamment étanches *pour ne pas couler sous leur poids.*
I should have liked well to enter the town, but it would have been dangerous *until I had got rid of my uniform.*	J'aurais bien aimé entrer dans la ville, mais cela aurait été dangereux *tant que je ne me serais pas débarrassé de mon uniforme.*
She had tried to tear herself from him, and, *failing,* had burst into tears.	Elle avait essayé de se dégager de lui et *n'y parvenant pas,* avait fondu en larmes.
Nelson made an enormous fuss about victories so cheap that he would have deserved shooting *if he had lost them.*	Nelson faisait le plus grand bruit autour de victoires acquises à si bon compte qu'il aurait mérité d'être fusillé *s'il ne les avait pas remportées.*
When *he kept* saying how 'we' wanted you	Quand *il n'arrêtait pas* de dire que 'nous'

to do this and 'we' wanted you to do that, *I kept* looking round for the other blokes.	voulons que vous fassiez ceci et que 'nous' voulons que vous fassiez ça, *moi je n'arrêtais pas* de regarder autour de moi pour chercher les autres mecs.
He rose, *remaining* behind the small desk in front of him.	Il se leva, *sans s'écarter* du petit bureau placé devant lui.
I *always ignore* his remarks.	*Je ne fais jamais attention à* ce qu'il dit./Je fais toujours semblant de *ne pas entendre* ses observations.
Both *failed* to explain or even ask why it was that students had broken windows in the first place.	*Ni l'un ni l'autre ne se donna la peine* d'expliquer ou seulement de se demander pourquoi les étudiants s'étaient mis à briser les vitres.

('Failed' does not mean 'they tried unsuccessfully to explain'.)

Higher education *is hard graft*.	Les études supérieures, *ce n'est pas du gâteau*.
Faster than he had known it *could have run*.	A une vitesse dont il l'eût juré *incapable*.
The drama that we had seen was *a part of* this land of beauty and romance.	Le drame auquel nous venions d'assister était *inséparable* de ce beau paysage de roman.

70.2 *Adjectives*

The street was *dead* and *dark*.	La rue était *sans vie* et *sans lumière*.
Although Knype had yet five League matches to play, its situation was *safe*.	Bien que Knype eût encore cinq matches de Ligue à jouer, sa situation *n'était pas compromise*.
Bergmann, sitting grim in his chair, hisses *between shut teeth*: 'Camera'.	Bergmann, impassible sur son pliant, dit *sans desserrer les dents*: 'Moteur'.
The rain was now *steady*.	Il pleuvait maintenant *sans discontinuer*.
The picture which presented itself to him *was continuous*.	Le tableau qui se présentait à son esprit *se répétait sans interruption*.
We need a *more economical* social system all round.	Il nous faut adopter un système social *moins dispendieux* en tous points.

71 Agglomeration → Expansion

The agglomerative nature of English has often been commented upon and is seen at its best in newspaper placards: 'Bayswater flat murder mystery shock development', where six nouns are strung together without any connecting words. In such cases, the constituent elements must be identified, clarified and considered separately.

Daily and *nightly passenger* boats	Des bateaux *qui assurent le transport des passagers chaque jour* et *chaque soir*
Juvenile and *adult drug* arrests	Les arrestations *de jeunes* ou *d'adultes pour usage de drogue*

83

Stone-Age weapons	Des armes *datant de l'âge de pierre*
Ireland's charm lies in its *pre-Industrial Revolution* tempo.	Le charme de l'Irlande réside dans son rythme de vie *qui nous ramène avant la Révolution industrielle.*
Then he eyed me with *a scrupulous man's dramatic frustration.*	Puis il me considéra avec *cet air d'impuissance théâtrale qui est le propre de l'homme scrupuleux.*
The half-length lace curtains keep out most of what little sun there is.	*Les rideaux de dentelle qui montent jusqu'à mi-hauteur des fenêtres* écartent presque complètement le soleil déjà rare.
He kept *problem-laden* officials away from Roosevelt.	Il maintenait à distance de Roosevelt les administrateurs *écrasés par les problèmes à résoudre.*
The horse tramcars, appearing and disappearing in the opening between the buildings, like *little toy carriages.*	Les tramways à chevaux qui apparaissaient et disparaissaient entre les bâtiments, semblables à *des jouets d'enfants, voitures miniscules.*
Nobody forgets his *first glimpse* of Rouen cathedral in the *diamond air.*	Personne n'oublie la cathédrale de Rouen *telle qu'on l'aperçoit pour la première fois* dans l'air *pur comme le diamant.*
The whole argument was based on a *political and moral misconception.*	Tout l'argument reposait, *politiquement et moralement,* sur une *idée fausse.*
He had an *intimidating sort of refined West-Country voice.*	Il y avait dans son accent *quelque chose de distingué, qui intimidait, qui évoquait l'Angleterre du Sud-Ouest.*
He finds that the world he has *gone out into from* school is totally organised, not only at work, but in everything else as well.	Il constate, *aussitôt sorti de l'école,* que le monde où *il débarque* est organisé avec la dernière rigueur, non seulement dans le domaine du travail, mais dans tous les domaines.

72 'And'

72.1 *Sometimes better translated by a conjunction showing more clearly the relationship between the two clauses*

Below the house the ground sloped very steeply *and* the terrace was remarkably high.	En dessous de la maison le terrain descendait en pente brusque *de sorte que* la terrasse était remarquablement élevée.
He looks each person as he passes in the eye *and*, directly his look is answered, looks away.	Il regarde chaque passant carrément dans les yeux, *mais*, dès qu'il est dévisagé, il détourne aussitôt ses regards.

72.2 *Often better omitted to allow two shorter sentences in French*

Higher education demands years of abstemious living, disciplined hours, the meeting of remorseless deadlines, such	Les études supérieures exigent des années d'une vie sobre, réglée, le respect absolu d'un calendrier imposé entre

as examination dates *and* is pleasurable only in that the agonies are at least shared with other young and vital people.

autres par la date des examens. Ces études ne paraissent agréables que dans la mesure où, malgré tout, l'on partage avec d'autres personnes jeunes et dynamiques les angoisses qui leur sont inhérentes.

73 'To be', often translated by a more specific verb

The terrace in front of the house *was* a long narrow strip of turf.

La terrasse sur le devant de la maison *se composait d'*une bande de gazon longue et étroite.

The vast edifice *is* an image of irrevocable failure.

Cet immense édifice *nous présente* l'image d'un échec irrévocable.

Among the familiar figures of whom we catch more than one glimpse *are* Burke, Fox and Gibbon.

Parmi les silhouettes familières que nous entrevoyons plus d'une fois, *figurent* Burke, Fox et Gibbon.

A degree in sociology *is* not in itself a qualification for social work.

Un diplôme de sociologie ne *donne* pas, en lui-même, de compétence suffisante pour exercer une fonction d'assistance sociale.

The cars *were* two deep, then suddenly three deep.

Les voitures *roulaient* sur deux files, puis brusquement sur trois.

After all, *that's* one of your jobs – rebuking people.

Après tout, *cela fait partie de* vos attributions de sermonner les gens.

The address he had been given *was* a door over a Chinese laundry.

L'adresse qu'on lui avait donnée *correspondait à* une porte située au-dessus d'une blanchisserie chinoise.

I got to the sea-coast in time enough *to be* at the sun's levee.

J'arrivai au bord de la mer à temps pour *assister* au lever du soleil.

The attentive hush *was* still unbroken.

Le calme attentif *régnait* toujours.

On each side of the stream *was* turf like a lawn.

De chaque côté du ruisseau *poussait* de l'herbe, formant une pelouse.

73.1 *'There is'*

There *is* a certain sedate cheerfulness about Sloane Square.

Il *règne* une certaine gaîté mesurée dans Sloane Square.

There *was* that damp smell of rocks covered with slimy vegetation.

Il *régnait* là cette odeur humide de rochers couverts d'une végétation gluante.

There *was* panic among the drivers.

L'affolement *régnait* chez les conducteurs.

There *are* responsible jobs around which need filling.

Il *existe* un peu partout des postes de responsabilité pour lesquels on a besoin de personnel.

There *is* no peril I would not more cheerfully face.

Il n'*existe* aucun danger auquel je ne ferais face plus volontiers.

There *was* some interest of antiquity

La maison *offrait* un certain intérêt

about the house.

For him there *are* all sorts of hopes and possibilities.

In families, where there *is or is not* poverty, there *is* commonly discord.

At that moment there *was* a flash of lightning.

There *is* a great change *coming*.

There *are* more evil acts today.

d'antiquité.

A lui *s'offrent* toutes sortes d'espérances et de possibilités.

Dans les familles, qu'elles *soient ou non en butte à* la pauvreté, *règne* ordinairement la discorde.

A ce moment-là, un éclair *se fit*.

Il *se prépare* un grand changement.

Il *se commet* aujourd'hui plus de mauvaises actions.

73.2 *Verbal phrases with a noun*

The street *is a* grey and desolate *reminder* of the calculating bitterness of our civilisation.

This building *is a monument to* the memory of the builder.

Their speeches *are a* singular blend of wisdom, eloquence and moderation.

People believe that language *is a* natural *growth*.

The rush of the water and the booming of the mill *are* like a great curtain of sound.

Its rules are so defined that their interpretation *is* partly an ethical business.

This dagger *was an object of* fascination to us as children.

La rue *rappelle* par sa grisaille désolée l'âpre égoïsme de notre civilisation.

Ce bâtiment *perpétue* la mémoire du constructeur.

Dans leurs discours la sagesse et l'éloquence *s'allient* harmonieusement à la modération.

On croit que la langue *évolue* naturellement.

Le bruit du courant et le grondement du moulin *forment* comme un grand rideau de son.

Ses règles sont formulées de telle sorte que leur interprétation *relève* en partie *de* la morale.

Ce poignard *exerçait* sur nous dans notre enfance une sorte de fascination.

73.3 *Verbal phrases with an adjective*

The townsman *is apt* to believe that, in winter, the only thing fit to walk on is the pavement.

He *was loath* to accept this appointment.

Everything *is* instantly *evocative* of all that is 'romantic' and 'traditional' about rural England.

Raffles *is*, of course, *good* at all games.

Le citadin *incline* à croire qu'en hiver le seul endroit propre à la marche est le trottoir.

Il répugnait à accepter cette nomination.

Tout *évoque* immédiatement ce qu'il y a de 'romantique' et de 'traditionnel' à l'Angleterre des campagnes.

Raffles, cela va de soi, *excelle* dans tous les sports.

They were not denied *pen and paper*.	On ne leur refusait pas *de quoi écrire*.
We tried to *digest* the implications.	Nous tentâmes d'*analyser* ce que cela impliquait.
A *hard* look at the molecular structures	Un examen *rigoureux* des modèles moléculaires
Man has *unlocked* the secret of matter.	L'homme *a pénétré* le secret de la matière.
These impossible ideals *hold us all on the rack*.	Ces idéaux inaccessibles *nous mettent tous à la torture*.
Central data banks of personal information to which only *faceless men* have access	Des fichiers centraux de renseignements, ces banques de données sur les individus, auxquelles ont accès *on ne sait quels personnages anonymes*
Other propagandists spoke out *in print*.	D'autres propagandistes s'exprimèrent *dans leurs écrits*.
We need careful maps of the *paths* the computers are taking us down.	Nous avons besoin d'une carte routière, dressée avec soin, qui puisse nous montrer dans quelle *direction* nous entraînent les ordinateurs.
The Australian is a practical *person*.	L'Australien a *l'esprit* pratique/positif.

75 Contraction

75.1 *Of a noun or noun phrase*

In *a final summary*, he became even more succinct.	Dans *sa péroraison*, il se montra encore plus concis.
One of *the men who had sat with him* in the dining-car was going all the way to Chicago.	Un de *ses compagnons de table* au wagon-restaurant allait jusqu'au terminus à Chicago.
The objective study of facts can result in *the ability to foresee* the future.	De l'étude objective des faits peut naître *la prévision*.
The times of *easy solutions* have gone for ever.	Les temps de *la facilité* sont révolus.
They defined *the ends to which* their action *is directed*.	Ils ont défini *les orientations* de leur action.
The success of the Mini in the matter of *overall dimensions* and *seating capacity*	La réussite de la Mini en matière d'*encombrement* et d'*habitabilité*
The dogmatic nature of our teaching does not satisfy an ironic and realistic *younger generation*.	Le caractère dogmatique de notre enseignement ne satisfait pas *une jeunesse* ironique et réaliste.

75.2 *Of an adjective or adjectival phrase*

Scanners, increasingly *reliable and efficient*, are coming into use.	Les scanners, de plus en plus *performants*, entrent en service.

They have decided on a twenty-four hour strike, *with a possible extension.*	Ils ont décidé vingt-quatre heures de grève, *reconductibles.*
In the half-light of the lofts, they would come upon treasures *undreamed of.*	Dans la pénombre des greniers, ils découvraient d'*insoupçonnables* trésors.

75.3 *Of a relative clause*

England was the only nation to produce a form of faith *it shared with no one.*	L'Angleterre était la seule nation à avoir une doctrine religieuse *originale.*
The only sound *that indicates life* is the faint cry of a bird of prey.	Le seul son *révélateur de vie* est le faible cri d'un oiseau de proie.
In a form *that the public can not only understand* but *will* positively *enjoy.*	Sous une forme qui est non seulement *intelligible pour l'homme de la rue* mais vraiment *attrayante.*
The notion that any technology *that can be applied* should be	L'idée que toute technologie *susceptible d'être appliquée* doit l'être

75.4 *Of a verbal expression*

As soon as money threatens *to be in* short supply, it is on food that people *cut down* first.	Sitôt que l'argent menace de *manquer,* c'est d'abord sur la nourriture qu'on *rogne.*
The fear of cancer must *be removed* by *destroying the legends surrounding it.*	Il faut *dédramatiser* le cancer en le *démythifiant.*
An abrupt mental change which suddenly *throws* all ways of feeling and thinking *into utter confusion*	Une mutation brusque de l'esprit qui *bouleverse* tout à coup les façons de sentir et de penser

76 Emphasis

76.1 *The use of 'c'est' is the commonest way of bringing an element into prominence.*

Here was the dauntless and implacable enemy.	*C'était lui* l'ennemi sans peur et sans pitié.
It is a mark of true civilisation, this compassionate attitude towards animals.	*C'est* un signe de la véritable civilisation *que* cette attitude de compassion envers les animaux.
Great havoc makes he among our originalities.	*C'est* un grand ravage qu'il fait permi nos originalités.
Here beat the heart of the nation.	*C'était* là que battait le cœur de la nation.
In such manner did life pass by.	*C'est* ainsi que s'écoulaient les jours.
To the native enthusiasm of the poets we owe whatever is admirable in their productions.	*C'est* à l'enthousiasme inné des poètes que nous devons ce qui est admirable dans leurs productions.
For him, neither flowers bloom, nor birds sing, nor fountains glisten.	*Ce n'est point* pour lui que s'épanouissent les fleurs, que chantent les oiseaux ou que miroitent les fontaines.
It is not a discovery of my own.	*Ce n'est pas moi qui* ai fait la découverte.

76.2 *Stressed pronoun*

I happen to like reality.

Moi, j'aime la réalité, voilà.

76.3 *'Quant à'*

The Englishman's stolidity he is likely to have found inseparable from a formidable tenacity.

Quant au flegme de l'Anglais, il aura sans doute constaté qu'il est inséparable d'une redoutable ténacité.

76.4 *Ante-position, with a pronoun referring back, in the case of an object*

He had gone with Nancy to *that* musical show.

Cette revue musicale, il était allé *la* voir avec Nancy.

Special, too, are the customs regulations: no duty is levied.

Spécial aussi, le régime douanier: aucun droit n'est perçu.

If there are *any* protesters, they are not showing themselves.

Si contestataires il y a, ils ne se manifestent pas.

76.5 *Post-position*

These bureaucrats will always be the same!

Ils ne changeront jamais, *ces ronds-de-cuir*!

What is this gobbledegook? Can't those people express themselves clearly?

Qu'est-ce que c'est que ce charabia? *Ils* ne peuvent pas s'exprimer clairement, *ces gens-là*?

76.6 *Translation of 'do', 'did', used for emphasis*

Do let's all have one more drink.

Allons, prenons tous encore un verre.

Even if Clemenceau *did* treat Foch roughly

Même *s'il est vrai que* Clemenceau ait traité Foch avec rudesse

I looked at him. He *did* look ill.

Je le regardai. *Il est vrai qu'*il avait l'air bien malade.

But they *did* believe in it, because they wanted to believe.

Mais ils y croyaient *bel et bien*, parce qu'ils voulaient y croire.

---

77 Expansion

77.1 *Of nouns*

Every lunch time, the taxis and government cars draw up outside the clubs of Pall Mall.

Chaque jour, à l'heure du déjeuner, les taxis et les voitures officielles viennent s'arrêter devant les clubs de Pall Mall.

I tripped at the edge of the river and went in with *a splash*.

Je trébuchai sur le bord de la rivière et je tombai dedans *en faisant rejaillir l'eau autour de moi*.

Civilisation is based on inhibiting one's *impulses*.

La base de la civilisation, c'est de refréner ses *mouvements spontanés*.

You're *a part* of the system.	Vous faites *partie intégrante* du système.
Smog	Le *brouillard enfumé*
Presently I thought I heard the distant *splash* of oars.	Bientôt je crus entendre à distance le *flac d'avirons frappant l'eau.*
Wellington had become an accomplished comedian in the art of *anti-climax.*	Wellington était devenu un excellent comédien dans l'art du *retour à la plate banalité.*
Privacy	Le *secret de la vie privée*

77.2 *Of adjectives and adjectival phrases*

Additions have been made to the original edifice until it has become one of the most *rambling* dwellings imaginable.	On a ajouté à l'édifice original, tant et si bien qu'il est devenu une des habitations les plus *riches en coins et recoins* qu'on puisse imaginer.
His *professed* disciples	*Ceux qui se déclarèrent* ses disciples
A *pinching*, frosty morning	Un matin de gelée et de *froid qui pique*
The English are *class conscious.*	Les Anglais sont *imbus de l'esprit de caste.*
It is not a question *of world importance.*	Ce n'est pas une question *qui engage l'avenir de la planète.*
His hair is *lank.*	Il a les cheveux *plats et ternes.*
Then, in the distance, a *bobbing* black object appeared.	Puis, au loin, un objet noir apparut, *montant et descendant.*
Your *negotiating* committee	La délégation *chargée de négocier* en votre nom
A *frost-bitten* or *port-nipped* military face	Un visage de militaire *rosi par la morsure du gel* ou *couperosé par de fréquentes rasades de porto*
The *uncritical reading* of generations *brought up on* the translated Bible	Ces générations qui *avaient appris à lire* dans la version anglaise de la Bible, *mais non à la critiquer*
A *tradition-kicking* imagination	Une imagination *rebelle au joug du passé*
A typically imaginative if *erratic* gesture	Un caractéristique élan d'imagination *teinté de bizarrerie*
Alternative futures for the US	L'avenir des Etats-Unis *selon qu'ils évoluent dans telle ou telle direction*
With a kind of *sinking* apprehension – for she was terrified of storms – Moira sat at her window.	*Le cœur lui défaillant d'*une espèce d'angoisse, tant les orages la terrifiaient, Moira était assise à sa fenêtre.

77.3 *Of verbs and verbal expressions*

Click goes the camera and *on goes life.*	Clic *fait* l'appareil *en se déclenchant* et *le déroulement de la vie se poursuit.*
They have the look of having *changed the world.*	Ils ont l'air d'avoir *changé la face* du monde.
The scientist has *miniaturised* the planet.	Le savant a *réduit les dimensions* de la planète.
He was *speculating* on what kind of shelter the birds could find.	Il *se demandait, songeur,* quelle sorte d'abri les oiseaux pouvaient trouver.

90

When the mosque, long and domeless, *gleamed* at the turn of the road, she exclaimed, 'Oh, yes – that's where I got to'.	Quand la longue mosquée sans dôme *apparut dans l'éclat de sa blancheur* au tournant de la route, elle s'écria: 'Oh oui, c'est ici que j'étais arrivée'.
There are two invaluable rules for a special correspondent – travel light and *be prepared*.	Il y a deux règles d'un prix inestimable pour un envoyé spécial: voyager presque sans bagages et *être prêt à toute éventualité*.
I had to *beg my way* to Merida.	J'ai dû *me diriger* vers Merida *en mendiant*.

78 General → Specific

Every *few* seconds	Toutes les *trois* secondes
To *show* a film	*Projeter* un film
We decided to grow only the things we couldn't buy *locally*.	Nous avons décidé de ne cultiver que ce que nous ne pouvions pas acheter *dans le coin/dans les environs*.
You can *take* him to court.	Vous avez le droit de le *traîner* devant les tribunaux.
He began to give details of his business, the *mathematics* of success.	Il se mit à exposer en détail la marche de son commerce, *l'arithmétique* de sa réussite.
He watched the steady flow of the *traffic*.	Il regarda s'écouler le continuel défilé des *voitures*.

79 'To have' → More specific verb

The hopes Aunt Sadie must have *had* for them	Les espoirs que tante Sadie *formait* sans doute pour eux
He *had* a brilliant idea.	Il *conçut* une idee géniale.
The clubs *have* huge libraries with deep and solitary armchairs and they *have* book-rests on the lunch-tables.	Les clubs *possèdent* de vastes bibliothèques avec des fauteuils profonds et isolés et *on y trouve* des appuie-livres sur les tables de la salle à manger.
This country *has* an area equal to that of France.	Ce pays *couvre* une superficie égale à celle de la France.
The farmer who cuts the grass on the island *has* a boat to bring away the hay.	Le fermier qui fauche l'herbe sur l'île *se sert d'*un bateau pour emporter le foin.
He *was having* difficulties.	Il *éprouvait* des difficultés.
These countries *have* a large Catholic population.	Ces pays *comptent* une forte population catholique.
The army *had* a disaster.	L'armée *essuya* un désastre.
He finds that he *has* practically no control over his own environment.	Il s'aperçoit qu'il n'*exerce* en fait aucun pouvoir sur le milieu où se déroule son existence.
This rule *has* several exceptions.	Cette règle *comporte* plusieurs exceptions.

They *had* as a rule peaceful and happy times.	En général, ils *coulaient* des jours paisibles et heureux.
All these buildings *have* common characteristics.	Tous ces édifices *présentent* des traits communs.
From seven o'clock onwards the old lady *had* a stream of visitors.	A partir de sept heures la vieille dame *reçut* des flots de visiteurs.

80 Impersonal → Personal

Is it so wrong of local authorities to opt out of the burden of higher education?	Les autorités locales *sont-elles si critiquables* de refuser d'endosser le fardeau financier de l'enseignement supérieur?
You think *it unlikely* you personally are going to be wrongfully arrested.	Vous vous figurez que *vous ne courez aucun risque*, quant à vous, d'être arrêté au mépris de la loi.
A thousand *pens* have described this sensation of leaving earth.	Mille *écrivains* ont décrit cette sensation de quitter la terre.
There are lands in which *it seems* to be almost always deep winter or high summer.	Il est des pays où *l'on a l'impression* que c'est presque toujours soit l'hiver glacial soit l'été brûlant.
When *his anger, fear and frustration were* again *under control*, he telephoned the managing director.	Quand enfin *il eut maîtrisé sa colère, sa peur et sa déception*, il téléphona au PDG (président-directeur-général).
Much more difficulty came from the necessity to fabricate representations of the inorganic ions.	*Ce qui nous donna beaucoup plus de tracas*, c'est qu'il fallait fabriquer des modèles représentant les ions non organiques.
A few paces more gave him full view of the flooded stream.	*En avançant de quelques pas, il* put embrasser le spectacle de la rivière en crue.
Yet *the fiction persists* that opportunities for science graduates are limited to research.	Pourtant *on continue à imaginer* que les débouchés offerts aux scientifiques se limitent à la recherche.
A common misbelief is that some occupations are firmly tied to academic subjects.	*On croit, généralement à tort*, que certaines activités sont liées de façon indissoluble à certains types d'études.

81 Metaphors

It is a very delicate matter to know whether a metaphor can be
literally transposed from one language to the other; often the image
has to be changed.

In *party* dresses	En robes *du dimanche*
The age-*group*	La *tranche* d'âge
His name has been very much *in the news*.	*Les feux de l'actualité* ont été *braqués* sur lui.
He sometimes wrote loose, *galloping* octo-	Il lui arrivait quelquefois de composer

syllabics in the vein of Scott.	des octosyllabes libres et *fougueux* à la manière de Scott.
Everything was spell*bound* that day.	Tout était *sous l'empire d'*un charme ce jour-là.
The life that *lay ahead of us.*	La vie qui *s'ouvrait devant nous.*
Hobbes is *behind* the philosophies of man-made improvements of the nineteenth century.	Hobbes est *à l'origine* des philosophies du progrès matériel du dix-neuvième siècle.
His *appetite* for martyrdom made him famous.	Sa *soif* de martyre le rendit célèbre.
If the present-day sufferers from aircraft noise wish to *pin-point* the source of their miseries, that is where they should look.	Si de nos jours les victimes du bruit des avions veulent *mettre le doigt sur* la cause précise de leurs malheurs, c'est là qu'ils devraient regarder.
The rank and file (in a Union)	La *base*/les *militants de base*
His heart was *in his mouth.*	*L'angoisse* lui *étreignit* le cœur.
We *turned up our noses* at these gifts.	Nous fîmes *la fine bouche* devant ces dons.
The *bloodless contests* of Parliament	Les *duels mouchetés* du Parlement
Does he really imagine that millions of young people are *gasping* for higher education?	S'imagine-t-il vraiment que des millions de jeunes *soupirent* après les études supérieures?
Such wants and emotions as the desire for excessive security, the alleviation of guilt, the *lust* for comfort	Des exigences et des émotions comme le désir d'une sécurité excessive, l'apaisement du sentiment de culpabilité, la *soif* du confort
Let us keep a *stiff upper lip.*	Gardons notre *sang-froid.*
The scientifically *eruptive* years of the 1950s	La période d'*effervescence* scientifique que furent les années 1950
'I hate winter', he said, 'it *ties* me to my desk and makes a clerk of me'.	'Je déteste l'hiver', dit-il, 'il me *rive* à mon bureau et fait de moi un commis'.
You are *aching* to be spoken to.	Vous *mourez d'envie* qu'on vous parle.
What we need to tame this incipient monster are not *bricks* to smash the circuits but careful maps of the paths they are taking us down.	Pour apprivoiser ce monstre naissant, nous avons besoin non pas de *pavés* pour mettre en pièces les circuits, mais bien d'une carte routière, dressée avec soin, pour nous montrer dans quelle direction ils nous entraînent.

82 Negative → Affirmative

The French language is a major masterpiece but *not possessing* a scrap of elasticity.	La langue française est un vrai chef-d'œuvre, mais *dépourvu de* la plus petite parcelle d'élasticité.
There is *no doubt* that his theories are applicable to the coast cliffs of North Cornwall.	Il est *certain* que ses théories s'appliquent aux falaises de la côte nord de la Cornouaille.
The masses of dark rocks were casting their quiet shadows across this *restless*	Les masses de roches sombres jetaient leurs ombres paisibles à travers cette

radiance.	clarté *toujours en mouvement*.
Nothing else was a disappointment.	Ce fut là ma *seule* déception.
If *you don't mind* my saying so	Si *je puis me permettre* de m'exprimer ainsi
No prospect for school leavers	Fin d'études: *horizon bouché*
A *not very* ornamental style	Un style *peu* ornemental
He *couldn't imagine* that the Germans had trained such savages for police.	Il *concevait difficilement* que les Allemands aient dressé de tels sauvages pour en faire des policiers.
What was needed was an *uncluttered* mind.	Ce qu'il fallait, c'était un esprit *ouvert*.
The most *uncared-for* children	Les enfants les plus *délaissés*
It is *not unlikely* that he had formed some general opinion.	Il est *assez probable* qu'il avait déjà une opinion d'ensemble.

83 Noun → Adjective

It was certainly *a comfort* to Roosevelt to have someone around to take the blame.	Il était certainement *commode* pour Roosevelt d'avoir quelqu'un dans son entourage pour tout endosser.
Without too much attempt at *fairmindedness*	Sans trop d'effort pour rester *impartial*
Viewed from the outside, the clubs have an air of infinite *mystery*.	Vus de l'extérieur, les clubs ont l'air infiniment *mystérieux*.
A sermon of majestic *irrelevance*	Un sermon tellement *oiseux* que c'en est admirable
The lambs with their absurd stumbling *grace*	Les agneaux, trébuchants, mais tellement *gracieux* que c'en est absurde
He watched in *amazement*.	Il regarda, *ébahi*.
Its southern limit was still a wooded *solitude*.	Au sud les confins en étaient toujours couverts de bois *solitaires*.

83.1 Noun + 'of' + noun → Noun + adjective

A Saturday afternoon in November was approaching *the hour of twilight*.	L'après-midi d'un samedi de novembre touchait à *l'heure crépusculaire*.
About them, for mile upon mile, there was no *habitation of man*.	Alentour, à des milles et des milles de là, pas une seule *habitation humaine*.
An old man at the helm is carrying his craft with strange skill through *the turmoil of waters*.	Un vieillard qui tient la barre dirige sa barque avec une étrange habileté parmi *les eaux tumultueuses*.
Halfway down, *steep banks of wood* rose up to meet him.	A mi-côte, *des escarpements boisés* semblaient monter à sa rencontre.
A *ledge of rock*	Une *corniche rocheuse*
The *agony of spirit*	L'*angoisse morale*
The aim was to rid her of her *race's ignorance*.	Le but était de la libérer de son *ignorance ancestrale*.
We have not yet developed a *people's culture*, still less a *people's gaiety*.	Nous n'avons pas encore développé une *culture nationale* et encore moins une *gaîté nationale*.

83.2 *Noun + noun → Noun + adjective*

A *food* shortage	Une pénurie *alimentaire*
The *Easter* holidays	Les vacances *pascales*
The *community* budget	Le budget *communautaire*
The *trades union* officials	Les permanents *syndicaux*
Brain-work	Le travail *intellectuel*
A *music* club	Un cercle *philharmonique*
Eye strain	La fatigue *visuelle*
A *radio* car	Une voiture *émettrice*
The *weather* forecast	Les prévisions *météorologiques*
The *prison* authorities	Les autorités *pénitencières*
An *oil* field	Un champ *pétrolifère*
These two parties draw their inspiration from *state* socialism.	Ces deux partis s'inspirent d'un socialisme *étatique*.
The Americans have named Tripoli as 'the *nerve* centre of international terrorism'.	Les Américains ont désigné Tripoli comme 'le centre *nerveux* du terrorisme international'.

84 Noun → Verb

84.1 *A cognate verb is used.*

Chaucer was a man who had a *passion* for truth.	Chaucer fut un homme qui *se passionne* pour la vérité.
They are exchanging surreptitious conversation with special clubman's gestures – the *pat* on the shoulder, the *grip* on the forearm.	Ils échangent des propos confidentiels avec les gestes propres aux habitués des clubs – l'épaule que l'on *tapote*, l'avant-bras qu'on *saisit*.
You are going abroad in *answer* to pressing invitations.	Vous allez à l'étranger pour *répondre* à de pressantes invitations.
The roar of the sea had long announced their *approach* to the cliffs.	Le grondement de la mer les avait depuis longtemps avertis qu'ils *s'approchaient* des falaises.
All this became an *assertion* that only a revolution in Christian thinking could save Christianity from being abandoned.	Tout ceci aboutit à *affirmer* que seul un changement révolutionnaire de la pensée chrétienne serait capable d'enrayer la désertion qui menace le christianisme.
The goods still had a good *resale* value.	Les marchandises pouvaient encore *se revendre* un bon prix.
Concentration and even *conversation* become impossible.	Il devient impossible de *se concentrer* et même de *tenir une conversation*.
Free *gratification* of man's instinctual needs is incompatible with civilised society; *renunciation* and *delay* in satisfaction are the pre-requisites of progress.	*Assouvir* librement nos besoins instinctuels n'est pas compatible avec la vie dans une société civilisée; *renoncer* à leur assouvissement et *remettre* celui-ci à plus tard sont les conditions préalables au progrès.

The typewriters were of a special kind; their keys made no more sound than the *drumming* of a bishop's finger-tips on an upholstered prie-dieu.

Les machines à écrire étaient d'un modèle spécial, leurs touches ne faisaient pas plus de bruit que les doigts d'un évêque *tapotant* son prie-dieu capitonné.

The neighbours were kindly and co-operative, pressing the *loan* of lawn-mower, roller, rake.

Les voisins étaient gentils et serviables, s'empressant de nous *prêter* tondeuse, rouleau, râteau.

The necessity for *expression*

Le besoin de *s'exprimer*

Games lift themselves to a higher plane by a voluntary *submission* to the rule of law.

Les sports se haussent sur un plan plus élevé *en se soumettant* librement à l'idée de loi.

The methodical *sacrifice* of libido, its rigidly enforced *deflection* to socially useful activities and expressions, *is* culture.

Sacrifier systématiquement le libido, le *détourner* avec rigueur vers des activités et des manifestations utiles à la société, toute la culture est là.

84.2 *A non-cognate verb or verbal expression is used.*

One of the common *criticisms* of hire purchase has always been that it encourages feckless people to take more goods than they can really afford to pay for.

On a toujours *reproché* au système d'achat à tempérament d'encourager les gens irréfléchis à acquérir des marchandises en s'engageant au-delà de leurs possibilités financières réelles.

On the *evidence* of the calendar

A en *croire* le calendrier

The Science Museum is the *haunt* of thoughtful folk of all ages and occupations.

Le musée des sciences *est fréquenté* par les gens sérieux de tous âges et de toutes occupations.

The law is not the *cause* of a man's paying his taxes.

La loi n'est point *ce qui fait* qu'on paye les impôts.

The Englishman's *want of excitability*, his *disinclination* for scenes, his common *inability* to be easily or badly rattled are indicated by his habit of *understatement*.

L'Anglais *ne s'excite guère*, il *n'aime pas* les esclandres, il *est* en général *incapable* de céder facilement ou complètement à la panique: c'est tout cela que signifie son habitude de rester *au-dessous de la vérité*.

In their *fondness* for pushing a joke, the English have not spared even themselves.

Les Anglais *aiment tant* pousser une plaisanterie jusqu'au bout qu'ils ne se sont même pas épargnés.

The *insistence* on the privacy of home arises from this feeling.

Si l'on tient tant à être vraiment chez soi, c'est à cause de ce sentiment.

He was haunted by a sense of the *fallibility* of the intricate and interdependent mechanisms of the ship.

Il était hanté par la pensée que les mécanismes du navire, si complexes et liés l'un à l'autre, *étaient susceptibles de défaillances*.

Unless we thoroughly stir up the *speed* and *depth* of our *response* to computers, we shall be in great trouble.

Si nous n'arrivons pas à nous secouer vraiment, à *réagir de façon plus rapide et plus sérieuse* aux changements apportés par l'ordinateur, nous risquons de graves ennuis.

85 Order of elements within the sentence

85.1 *Adverbial phrases of time and place often come earlier in the sentence in French.*

He never shifts his eyes from the actors *for an instant.*	*Pas un instant* il ne quitte les acteurs des yeux.
She seemed to survey the company with her eyes shut, *from a vast chair by the wall.*	*De son vaste fauteuil auprès du mur,* elle paraissait contempler toute la compagnie les yeux clos.
There was a professional air, an unvarying gravity *in the looks and demeanour of the whole assembled multitude.*	Il y avait, *dans les regards et l'attitude de toute l'assemblée,* un air connaisseur et une gravité uniforme.
The gunners made the Egyptian flagship a wreck *in ten minutes.*	*En dix minutes* les cannoniers firent du vaisseau-amiral égyptien une véritable épave.
The buttressed, battlemented terrace of the Winter Gardens showed through its apertures no prying heads *at this season.*	*A cette époque de l'année,* la terrasse du Jardin d'Hiver, flanquée de remparts et de contreforts, ne montrait à ses ouvertures nulle tête de promeneur curieux.
It happened that in January *some years ago* there was a very great fall of snow.	*Il y a quelques années,* il arriva qu'en janvier la neige tomba abondamment.
The clocks *up at the villa* must have been all wrong.	*Là-haut, à la villa,* les pendules devaient être toutes détraquées.
Hundreds of thousands, possibly millions, of people every night *in England* read something in bed.	*En Angleterre* des centaines de mille, peut-être des millions de gens lisent, tous les soirs, quelque chose au lit.
It was sweet to rush through the *morning* lanes on his bicycle.	*De bon matin,* il faisait bon filer à vélo dans les petits chemins.

85.2 *Adverbial phrases which are an extension of the verb will be placed near to the verb in French.*

The sun was turning the drops on my face and chest *to salt.*	Le soleil changeait *en sel* les gouttes qui me couvraient le visage et la poitrine.
He took the address which Sandra had given him *out of his pocket* again.	Il ressortit *de sa poche* l'adresse que Sandra lui avait donnée.
Then the Greek slapped his friend on the shoulder *with his fat hand.*	Puis le Grec, *de sa main grasse,* décocha à son ami une bourrade sur l'épaule.

85.3 *In a relative clause, a long subject will be post-posed in French.*

I put into activity every means of tracing her which *my knowledge of London* suggested.	Je mis en œuvre pour retrouver ses traces tous les moyens que me suggéra *ma connaissance de Londres.*
Those pre-Roman remains which *your most learned contributor* has so well described.	Ces monuments préromains qu'a si bien décrits *votre très érudit collaborateur.*

85.4 *Adjectival phrases introduced by a preposition will be brought forward in French.*

I ventured to reply that I had as great opinion *of the English fleet* as he had.

Je me hasardai à répondre que j'avais *de la flotte anglaise* une opinion aussi haute que la sienne.

Can there be a pleasanter time *of the day* or a more delightful season *of the year*?

Est-il *dans le jour* un moment plus agréable ou *dans l'année* une saison plus charmante?

85.5 *A 'si' clause, with concessive value, will be ante-posed.*

He was hard and invulnerable, *if also soft and fat.*

S'il était mou et gras, il y avait aussi en lui une invulnérable dureté.

Revolutionaries and cranks, *if clapped into jail*, were not denied pen and paper.

Si l'on jetait en prison les révolutionnaires et les originaux, on ne leur refusait pas de quoi écrire.

85.6 *Object → Subject*

He cared for *causes* only as a means of combat.

Les causes ne l'intéressaient qu'en tant que moyen de se battre.

He often found *reality* a sad falling-off.

La réalité lui infligeait souvent une triste déception.

We are all familiar with *the basic difference between English and French Parliamentary institutions.*

La différence fondamentale qui existe entre les systèmes parlementaires anglais et français nous est bien connue.

I did not at all like the sound of *what had been proposed for me.*

La proposition qui m'avait été faite me semblait louche.

We looked upon *a scene of incredible beauty.*

Un spectacle d'une beauté incroyable s'offrait à nos regards.

I beheld suddenly *a fine wild landscape.*

Un beau paysage tourmenté s'offrit soudainement à ma vue.

The servants' wing caught *fire.*

Le feu prit aux communs.

The best students are awarded *special scholarships.*

Des bourses spéciales sont décernées aux meilleurs étudiants.

Co-operation between the unions has been dealt *a severe blow.*

Un coup sérieux a été porté à la co-opération entre les syndicats.

85.7 *Subject → Object or complement*

His clothes hang loosely about him.

Il flotte *dans ses vêtements.*

A change was coming upon the world.

Le monde allait subir *un changement.*

My word is my bond.

Je suis lié *par ma parole.*

Success was almost within our grasp.

Nous touchions *au but.*

This means more to me now than it did then.

J'y attache plus d'importance aujourd'hui qu'alors.

There is nothing *we*'d enjoy more than pottering round the house all day.

Rien ne *nous* ferait plus plaisir que de bricoler à la maison toute la journée.

This book provides the information in a

Ce livre fournit les renseignements sous

form that *the public* can not only understand but will positively enjoy.	une forme qui est non seulement intelligible *pour l'homme de la rue*, mais vraiment attrayante.

85.8 *Prepositional phrase → Subject*

I could not enjoy the peace of the evening *because of my anxiety*.	*Mon inquiétude* m'empêchait de goûter la paix du soir.
Rain is going to return *to these areas*.	*Ces régions* vont renouer avec la pluie.
An answer was possible *within a day or two*.	*Un jour ou deux* nous apporterait peut-être la réponse.
His only genuine emotion in politics sprang *from personal dislike* – of Peel in his early career and of Gladstone towards the end.	En politique, *l'aversion personnelle* fut la source des ses seules émotions vraies – aversion pour Peel au début de sa carrière et pour Gladstone vers la fin.
Your nose is blocked *with strange smells*, your ears are ringing *with meaningless sounds*.	*D'étranges odeurs* vous engorgent les narines, *des sons incompréhensibles* résonnent à vos oreilles.
The people of Brixham are becoming increasingly alarmed *at the inroads made upon Berry Head by quarrying operations*.	*Les brèches faites* sur Berry Head par les travaux d'extraction de pierre inquiètent de plus en plus la population de Brixham.
There are complaints *of the shattering explosions*.	*Les explosions fracassantes* sont l'objet de plaintes.
There are more organisations shouting: 'Stop it, you brutes!' *in the British Isles* than anywhere else in the world.	*Les Iles Britanniques* détiennent un record mondial de densité au kilomètre carré, celui des organisations qui ont pour but de crier: 'Arrêtez ça! Espèces de brutes!'
You will be satisfied *with the result*.	*Le résultat* vous donnera satisfaction.
Now and again he chuckles to himself *in Rabelaisian reminiscence*.	De temps en temps, *des souvenirs rabelaisiens* lui arrachent un petit rire étouffé.
I have been frequently puzzled *with this exception* to the butterfly, airy, thoughtless, fluttering character of the French.	*Cette exception* au caractère papillonnant, léger, étourdi, volage des Français m'a souvent intrigué.
The air was thick *with fog* of the texture of a polar bear's pelt.	*Un brouillard* épais donnait à l'air la texture d'un pelage d'ours polaire.
A fierce gust brought down a torrent of leaves and the surface of the water was lively *with a golden fleet*.	Une rafale amena un torrent de feuilles et *une flotille dorée* anima la surface de l'eau.

86 Passive → Active

86.1 *Agent → Subject*

Miss Brooke had that kind of beauty which seems *to be thrown into relief* by	Miss Brooke avait ce genre de beauté que semble *rehausser* encore la simplicité de

poor dress.
Dora *was* always *moved* by pictures.

The impression *made* by the landscape is sad and awful.
The irregular black houses *made* miraculously strange and solemn by a fresh fall of snow.

He *was stifled* by regrets, by remorse.
As if the blood *had been forced by hard feeding* into every vessel of the skin.

I trust that the first news of the dreadful calamity which has befallen us here *will have been broken to you by report.*

If the customer failed to pay punctually any particular instalment the goods *could be repossessed by the trader.*

The sound *was borne by the breeze* over the great wide smiling river.
My arm *was numbed* to the shoulder *from the violence of the concussion.*
This is a quality *stressed by all those who knew him.*
He never attempted to accomplish by force what *could be achieved by wit.*

la mise.
Les tableaux ne manquaient jamais d'*émouvoir* Dora.

Le paysage *donne* une impression de tristesse et d'effroi.
Les maisons noires et irregulières qu'une récente tombée de neige *avait revêtues* d'une étrangeté et d'une solennité prodigieuses.

Les regrets, les remords *l'étouffaient.*
Comme si *un excès de nourriture avait poussé* le sang jusque dans les moindres cellules de son épiderme.

J'aime à croire que *le bruit qui court vous aura préparé* aux premières nouvelles de l'affreuse catastrophe qui nous est arrivée ici.

Si le client ne s'acquittait pas ponctuellement de l'un quelconque des versements, *le vendeur pouvait reprendre possession* des marchandises.

La brise emporta le son tout le long du fleuve large et souriant.
Le heurt violent m'*engourdit* le bras jusqu'à l'épaule.
Tous ceux qui l'ont connu soulignent cette qualité.
Jamais il ne cherchait à accomplir par la force une tâche que *l'intelligence pouvait mener à bien.*

86.2 *Passive → 'On' + active verb*

Already the southern slopes of London *are in sight.*
We *were marched* many days across a trackless country.

Déjà l'*on distingue* les coteaux du sud de Londres.
Pendant bien des jours, *on nous a fait parcourir à pied* un pays sans pistes.

86.3 *The use of a pronominal verb*

The mists *were* now *broken* into clouds.

In another moment the apparition *was explained.*
This is only an atrocious extension of the misuse to which any computer system *is* inherently *liable.*

The stupidity and lack of imagination of the Allied leaders during the 1914–18

Les brouillards *se dispersaient* maintenant en nuages.
L'instant d'après, cette apparition *s'expliqua.*
Ce n'est là qu'un exemple un peu plus poussé et atroce, du mauvais usage auquel *se prête* par sa nature même tout système d'ordinateurs.

La bêtise et le manque d'imagination des chefs alliés pendant la guerre de

war can *be compared* only to the stupidity and lack of imagination of the German generals.	1914–18 ne peuvent *se comparer* qu'à la bêtise et au manque d'imagination des généraux allemands.

86.4 *'Se faire', 'se laisser', 's'entendre', 'se voir'* + *Infinitive; 'se trouver', 'se voir'* + *past participle*

For thousands of miles beyond its confines *was* its influence *felt*.	Jusqu'à des milliers de milles au-delà de ses confins son influence *se faisait sentir*.
There are aggressive sales techniques to which housewives are supposed *to be* particularly *prone*.	Il existe des methodes de vente agressives, auxquelles, dit-on, les ménagères *se laissent* très souvent *prendre*.
Demands for quieter aircraft *are met* with the argument that the expense will damage the industry.	A réclamer des avions moins bruyants, *on s'entend répondre* que leur coût grèvera l'industrie.
The lawyer *was refused* admission to the prison.	L'avocat *s'est vu refuser* l'accès de la prison.
The exploitation of mass-leisure *has been accelerated* by the relative contraction of the world market.	L'exploitation des loisirs de masse *s'est trouvée accélérée* par le resserrement proportionnel des débouchés mondiaux.
The team *was relegated* to the second division.	L'équipe *s'est vue reléguée* en deuxième division.

86.5 *Past participle* → *Relative clause, with active verb*

I have grown used to the waste of time *involved* in using them.	Je me suis habitué à la perte de temps que leur emploi *occasionne*.
The laws of the land, *enforced* by policemen and park keepers and traffic wardens	Les lois en vigueur *que font respecter* agents de police, gardiens de square et contractuels

86.6 *'Passer pour'*

He might well *be called* the favourite of both nature and fortune.	Il pouvait *passer* à bon droit *pour* le favori à la fois de la nature et de la fortune.

86.7 *Change of view-point*

My head *was pillowed* in the unruffled water.	Ma tête *enfonçait mollement* dans l'eau sans ride.
He is swelled into jolly dimensions by frequent potations of malt liquors.	*Il atteint* des proportions gaillardes grâce à de fréquentes libations de bière.
Sheets of mingled spray and rain *were driven* in our faces.	Des gerbes d'embrun mêlé de pluie chassées par le vent nous *fouettaient* le visage.
This doctrine *is meant* to apply only to human beings in the maturity of their faculties.	Cette doctrine *n'entend* s'appliquer qu'aux êtres humains dans la maturité de leurs facultés.

87 Personal → Impersonal

We all *realise* that this main difference has nothing to do with national temperament.

Il est, pour nous tous, *clair* que cette différence essentielle n'a rien à voir avec des caractéristiques nationales.

A country so placed *was likely* to have a great and distinctive role.

On pouvait s'attendre à ce qu'un pays ainsi situé jouât un grand rôle distingué.

They are not likely to make a rush job of it.

Il ne faut pas s'attendre à leur voir hâter le travail.

Households in Scotland *are unlikely* to eat so many fresh peas and beans.

Il est peu probable que les ménages écossais consomment tant de petits pois et de haricots frais.

These difficulties *are certain* to delay the construction of new schools.

Il est certain que ces difficultés retarderont la construction de nouvelles écoles.

---

88 Phrasal verb → Verb + adverbial phrase or adverb

It is a characteristic feature of English to combine a verb (often a commonly occurring one, such as 'come', 'go', 'put', 'take', 'give', 'see') with a preposition to form a 'phrasal verb' ('run in', 'jump over', 'look through', 'trail across', etc.).

A frequently used translation technique in such cases – but not in all (see section 89) – is to transpose the English preposition into a French verb of direction and the English verb into a French adverbial phrase or adverb.

My thoughts *trailed across* the borderland of sleep.

Mes pensées, *se traînant avec peine, franchirent* la frontière entre la veille et le sommeil.

An astronaut steps out of his space capsule and *ambles across* the continent of America in twenty minutes.

Un astronaute sort de sa capsule spatiale et *traverse d'un pas tranquille* le continent américain en vingt minutes.

At last you see an Englishman *slouching along*.

Vous distinguez enfin un Anglais qui *s'avance nonchalamment*.

A mass of water *was surging along*.

Une masse d'eau *arrivait en houle*.

He *hurried along* a deep dingle.

Il *suivit rapidement* un vallon profond.

The path *wound down* among thickets.

Le sentier *descendait en serpentant* parmi des fourrés.

With the house empty, the stray draughts *blustered in*.

La maison étant déserte, les courants d'air vagabonds *faisaient bruyamment irruption*.

He had *leapt into* fame while still a stripling.

Il était *entré d'un bond* dans la renommée, en pleine jeunesse.

At that moment, there *flashed into* my mind the reason for the name they were called.

A ce moment, la raison du nom qu'on leur donnait *traversa* mon esprit *comme un éclair*.

She *rambled into* some fields at a short

Allant à l'aventure, elle *entra* dans des

distance.

The street was empty as the long black car *nosed into* it.

I *strolled into* the café.

The sergeant-major *marched* us *off*.

He was soon *dragged off*.

The sodden leaves *drifted on* for a little while.

He *walked on*.

He *hurried on*, at a steady jog-trot.

Their attire had been *thrown on*.

He knew all that was to be known about *smuggling out* of the southern counties people who could no longer inhabit them.

Down went the line, *rattling out*.

The rate-payer can *vote out* the local councillor.

Then all the lights *flickered out*.

The planes *are roaring and whistling over* the house.

The dog *jumped* clean *over* the wall.

The islands stunned his imagination so that afterwards, when they had *shaken* themselves *over* the horizon, he could hardly believe that he had really seen them.

We *crept past* the vast museum.

So that night it was impossible to *drive through* Trafalgar Square.

Sometimes we seemed to be *tearing through* bright gardens.

The personal private secretaries *padded through* the ante-chambers.

She *stole to* the door.

He *limped up* the gangway.

The French infantry had to *toil up* the hill.

The crowd was dancing under lights *turned up* for the first time for four years.

He had been accustomed to *ride with* Van Leyden over his estates.

champs non loin de là.

La rue était déserte lorsque la longue voiture noire *s'y engagea prudemment*.

J'*entrai en passant* au café.

L'adjudant nous *emmena au pas cadencé*.

On l'eut vite *retiré à force de bras*.

Les feuilles trempées *continuèrent* un moment *de s'en aller à la dérive*.

Il *continua à s'avancer*.

Il *continua sa course* au petit trot d'un train régulier.

Leurs habits avaient été *mis à la hâte*.

Il savait tout ce qu'on pouvait savoir des moyens de *faire sortir en contrebande* des provinces du sud ceux qui ne pouvaient plus y demeurer.

Se déroulant avec fracas, voilà que la ligne se mit à s'enfoncer.

Celui qui paie les impôts des collectivités locales peut *écarter par son vote* le conseiller municipal.

Puis toutes les lumières *peu à peu s'éteignirent*.

Les avions *survolent* la maison *avec un rugissement et un sifflement*.

Le chien *franchit* le mur *d'un bond*.

Les iles étourdirent son imagination, si bien qu'ensuite, quand, *à force de vaciller*, elles eurent *sombré* sous l'horizon, il eut peine à croire qu'il les avait réellement vues.

Nous *passâmes furtivement devant* le vaste musée.

Aussi fut-il impossible, cette nuit-là, de *traverser en voiture* Trafalgar Square.

Nous semblions tantôt *traverser à toute vitesse* des jardins illuminés.

Les membres du secrétariat particulier *traversèrent* les anti-chambres *à pas feutrés*.

Elle *s'approcha* de la porte *à pas furtifs*.

Il *gravit en boitant* la passerelle.

L'infanterie française dut *péniblement gravir* la colline.

La foule dansait sous les becs de gaz *allumés en grand* pour la première fois depuis quatre années.

Il avait pris l'habitude d'*accompagner à cheval* Van Leyden sur ses terres.

Sometimes there exists in French a single verb which is the equivalent of the English phrasal verb.

The fawn was *scudding along* behind the doe.	Le faon *filait* derrière la biche.
He *pushed* the landlady *aside*.	Il *bouscula* la propriétaire.
The presence of Nanny waiting to *take* the baby *away* is felt though not seen.	On sent bien que Nounou est là, invisible, prête à *reprendre* le bébé.
All the sounds *died away*.	Tous les bruits *moururent*.
The necessity of *blasting away* the past.	La nécessité de *faire sauter* le passé.
Coming round the shoulder of a hill, he stopped to wipe his forehead.	*Contournant* l'épaulement d'une colline, il s'arrêta pour s'essuyer le front.
He spent a great deal of his time *loafing round* the Café des Sports.	Il passait le plus clair de son temps à *traîner* au Café des Sports.
Later, this child, growing up, dares to *answer* his parents *back*.	Plus tard, cet enfant, qui grandit, ose *répondre* à ses parents.
She *lay back* in her armchair, breathing rather rapidly.	Elle *se renversa* dans son fauteuil, respirant plutôt rapidement.
He *settled back* in his armchair.	Il *s'enfonça* dans son fauteuil.
She *pushed* her helmet *back*.	Elle *repoussa/rejeta* son casque.
A large brig was *bearing down* on us.	Un grand brick *arrivait* sur nous.
He *threw down* the newspaper.	Il *jeta* le journal.
The gnarled, ancient apple-trees would do very nicely for the children to climb, until we had time to *cut* them *down*.	Les vieux pommiers rabougris feraient très bien l'affaire des enfants qui pourraient y grimper, en attendant que nous ayons le temps de les *abattre*.
The sun *blistered down*.	Le soleil *lançait/dardait* des rayons cuisants.
The fog came *pouring in* at every chink and keyhole.	Le brouillard *se déversait* par toutes les fentes et tous les trous des serrures.
The car *crashed into* a lorry.	L'auto *a percuté* un camion.
Fish and ship *swept on* through the tropical ocean.	Poissons et navire *filaient* toujours à travers l'océan tropical.
The captain *rapped out* an order.	Le capitaine *jeta* un ordre.
A second section *spells out* the threats implicit in these developments.	Une seconde partie *expose* les dangers que peut entraîner cette évolution.
I have *thought* the problem *out*.	J'ai *étudié* le problème.
The rivers in the course of ages have *hollowed out* deep valleys.	Les fleuves, au cours des siècles, ont *creusé* de profondes vallées.
A yellow light *flashed out*.	Une lumière jaune *jaillit*.
When at last the situation becomes absolutely unbearable, they *break out* and *smash up* everything.	Lorsque finalement, la situation est devenue absolument intenable, ils *éclatent* et *cassent* tout.
I *laid out* my toys on the living-room table.	*J'ai disposé* mes jouets sur la table de la salle de séjour.
He *called out* to me.	Il m'*interpella*.
He *smoothed out* his newspaper.	Il *défroissa* son journal.

He took papers from his attaché case and *looked* them *over*.	Il tira des papiers de sa serviette et les *examina*.
He had barely room to *squeeze through*.	Il avait tout juste la place de *se faufiler*.
His steady eyes *were looking through* the blast.	Ses yeux fermes *sondaient* la tempête.
The only way for a lower-class boy to *break through* is by climbing up the academic ladder.	Le seul moyen de *percer*, pour un garçon d'origines modestes, consiste à s'élever en suivant les échelons de la hiérarchie des études.
The three families who shared the garden had not wanted to cultivate vegetables which other people's infants at once *dug up*.	Les trois familles qui partageaient le jardin n'avaient pas tenu à cultiver des légumes que les petits d'autrui ne tarderaient pas à *déterrer*.
The argument does not *hold up*.	L'argument ne *tient* pas.
The car *drew up* in the courtyard.	La voiture *vint s'arrêter* dans la cour.
The train, puffing heavily, *drew up* into the hills.	Le train, soufflant fortement, *s'engagea* dans les collines.
Cricket *takes up* a lot of time.	Le cricket *exige* beaucoup de temps.

90 Phrasal verb element → Verb

From the pattern shown in section 88, it will be deduced that the phrasal verb element on its own will often be best translated by a verb.

A great pinnacle of rock reached up *into* the clouds and *above* them.	Un grand rocher en forme de pinacle se dressait jusqu'aux nues qu'il *atteignait* et même *dépassait*.
'Up guards and *at* 'em'.	'Debout les Gardes et *foncez dessus*'.
She hastened *away* at almost a run.	Elle s'empressa de me *quitter* au pas de course ou peu s'en faut.
Down the road skims a swallow.	*En descendant* la route, une hirondelle rase le sol.
They looked *down* the darkness of the railway.	Leurs yeux suivaient la voie qui *s'enfonçait* dans les ténèbres.
Twisted footpaths *in* and *out* among the beeches and *up* and *down* upon the channelled slopes	Des sentiers tortueux, *pénétrant* parmi les hêtres pour en *sortir* plus loin et *montant* et *descendant* les pentes ravinées
He rises out of himself *into* the higher spheres of art.	Il s'élève au-dessus de lui-même et *pénètre* dans les sublimes régions de l'art.
My sudden appearance frightened them *into* mute bashfulness.	Mon apparition soudaine les interdit et les *frappa d'*un mutisme intimidé.
He looked *into* the dripping darkness of the woods.	Il *plongea* ses regards dans l'obscurité ruisselante des bois.
He waved us *on*.	Il nous a fait signe d'*avancer*.
The scarlet dress blazed *out* against the tapestry.	La robe écarlate *ressortait* flamboyante sur la tapisserie.
A few stars were *out*.	De rares étoiles *brillaient*.

The small rough tongue going *over* and *over* the palm of his hand.

La petite langue rugueuse qui *passait* et *repassait* sur la paume de sa main.

Although occupied with all this, he would nevertheless often peer *round* at us.

Tout en se souciant de tout cela, il ne manquait cependant pas, à maintes reprises, de *se retourner* pour nous dévisager.

He touched the blind, *up* it flew.

Il toucha le store qui *remonta* d'un seul coup.

The splendour of its music rolling *up* into the shadows

La splendeur de sa musique qui s'enfle et *monte jusque* dans les ombres

The quickening of all his senses spreads from the soles of his feet *upwards* through his whole being.

L'éveil de tous ses sens *monte* de la plante des pieds pour se répandre à travers son être tout entier.

With every step *upward* a greater mystery surrounded me.

A chaque pas que je faisais *en montant* la colline un mystère plus profond m'enveloppait.

I was floating, face *upwards*, on that blue and tepid sea.

Je flottais, le visage *tourné vers le ciel*, sur cette mer tiède et bleue.

91 Plural → Singular

Aesthetics

L'ésthetique

Athletics

L'athlétisme

Politics is the art of the possible and the science of the probable.

La politique est l'art du possible et la science du probable.

My thoughts were taken up with a subject I was discussing last night.

Mon esprit était occupé d'un sujet dont je discutais hier soir.

Her thoughts were not idle while she was thus employed.

Son esprit ne chômait point pendant qu'elle s'occupait ainsi.

The pressures of extreme poverty

La gêne de l'extrême pauvreté

As *riches* increase, so do the mouths that devour it.

A mesure que *la richesse* augmente, augmentent aussi les bouches qui la dévorent.

The features of Louis XIV in the waxen portrait of Benoist bear upon them *the marks* of this inordinate assumption.

Les traits de Louis XIV dans le portrait en cire de Benoist portent *la marque* de cette prétention démesurée.

A row of Gothic windows opened upon the roofs of *the cloisters*.

Une rangée de fenêtres en ogive donnaient sur les toits *du cloître*.

He found his *surroundings* and condition of mind conducive to reflection.

Il constata que *le cadre* et l'état d'esprit où il se trouvait favorisaient la réflexion.

He began to realise *the implications* of the bargain he had struck.

Il commença à se rendre compte de la *portée* du marché qu'il avait conclu.

92 Possessive adjective → Relative clause

Part of the very perfection of their art is closely connected with *their* sense of truth in all things.

Une partie de la perfection même de leur art est étroitement liée au sens *qu'ils ont* de la vérité en toute chose.

The practice of all our arts and industries depends upon *our* knowledge of the properties of natural objects.

La pratique de tous nos arts, de toutes nos industries dépend de la connaissance *que nous avons* des objets naturels.

All united in praising *his* success in many petty enterprises which his master had entrusted to him.

Tous s'accordaient à louer le succès *qu'il avait obtenu* dans plusieurs petites entreprises que son maître lui avait confiées.

His gift of telling a story
His senseless and silly abuse of language

Le don *qu'il a* de raconter une histoire
L'abus stupide et absurde *qu'il fait* du langage

The air was full of midsummer and *its* mixture of exaltation and fear cut me off from ordinary living.

L'air sentait pleinement la mi-été et l'exaltation mêlée d'effroi *qu'il répandait* me retranchait de la vie ordinaire.

His identification of civilisation with repression.

La manière dont il assimile civilisation et répression.

He too had seen *his* danger.

Lui aussi avait vu le danger *qu'il courait*.

Biology has profoundly modified *our* perception of the living world in general and of mankind in particular.

La biologie a profondément modifié la représentation *que nous nous faisons* du monde vivant en général et de l'homme en particulier.

That meant nothing except *her* fear of me.

Cela ne signifiait rien d'autre que la peur *qu'elle avait de moi*.

92.1 *Similarly the genitive is often rendered by a relative clause.*

The *city's* problems

Les problèmes *auxquels la ville doit faire face*

The *anorexic's* preoccupation with food

La préoccupation *qu'a l'anorexique* de la nourriture

Levi's valuation of the stone

L'expertise de la pierre *que Levi avait faite*

People's ideas of God
The *drug-addict's* image of himself as a failure

Les idées *que les gens se font* de Dieu
L'impression *que se fait le toxicomane* d'être un raté

93 Preposition, reinforced in French

She felt almost guilty in asking for knowledge *about* him *from* another.

Elle se sentait presque coupable de chercher des informations *à son sujet auprès d'*une autre personne.

There was something alternately maddening and depressing *about* the way in which the lives of these people refused

Il y avait tour à tour quelque chose d'exaspérant et de déprimant *à constater* comment la vie de ces gens-là se

to change.

He had come across more than one such barricade in his night rambles *after* things to eat.

A large hoarding *at* one end of the stadium

In a speech *at* his party conference

George Fox told a magistrate to tremble *at* the name of the Lord.

Do I have to shriek *at* you?

He was wriggling and swerving *away* from the knife.

I will try to revive for the reader the look of the figures *before* the painter.

At the bridge *beneath* the tower the cavalry divided.

The basic difference *between* the two systems

The quarrel *between* Clemenceau and Foch

The institution called 'ver sacrum' *by* which all the children born in one spring would be dedicated to some deity.

That word is used *for* two different things.

As soon as you leave your front door *for* the airport.

The traveller listens *for* the bark of a shepherd's dog.

You think it unlikely that you are going to be stoned in Belfast *for* looking like a Roman Catholic.

The Council *for* Civil Liberties.

The council also hopes to develop new plans *for* music in the countryside.

We went into town *for* packets of seeds.

More funds must be provided *for* rehabilitation programmes.

Children fought *for* turns at the iron pump.

They seemed to be longing *for* something.

refusait à tout changement.

Il avait rencontré plus d'une de ces barricades dans ses expéditions nocturnes *en quête de* choses à manger.

Un énorme panneau *dressé* au bout du stade

Dans un discours *prononcé* au congrès de son parti

George Fox dit à un magistrat de trembler *en entendant* le nom du Seigneur.

Faut-il que je vous crie *dans les oreilles*?

Il se tortillait et se débattait *pour échapper au* couteau.

Je vais essayer de faire revivre pour le lecteur l'aspect de ces personnages *disposés devant* le peintre.

Arrivée au pont *situé* au-dessous de la tour, la cavalerie se divisa.

La différence fondamentale *qui existe* entre les deux systèmes

Le différend *qui opposa* Clemenceau à Foch

L'institution appelée 'ver sacrum' *en vertu de* laquelle tous les enfants nés en un même printemps étaient voués à quelque divinité.

Ce mot s'emploie *pour désigner* deux choses différentes.

Dès que vous franchissez votre seuil *pour aller à* l'aéroport.

Le voyageur prête l'oreille *pour entendre* l'aboiement d'un chien de berger.

Vous vous figurez que vous ne courez aucun risque d'être lapidé à Belfast *sous prétexte que* vous avez une tête à aller à la messe.

L'association *pour la défense* des libertés du citoyen.

Le conseil espère également préparer de nouveaux plans *pour la diffusion* de la musique à la campagne.

Nous sommes allés en ville *à la recherche de* sachets de graines.

Il faut débloquer des crédits supplémentaires *pour financer* des opérations de rééducation.

Des enfants se disputaient *à qui aurait* son tour sous la pompe en fer.

Ils semblaient languir *dans l'attente de* quelque chose.

The night passage *from* Dover.

She complained of ill-treatment *from* her landlord.

His children heard with becoming reverence these moral precepts *from* the lips of their father.

Some people thought him a fool *from* his insensibility.

A white steam *from* the soil faintly misted the grass.

The gondola shot into the open lagoon *from* the canal.

The vale which falls eastwards *from* the lochs is treeless.

I learned to speak *from* my mother.

The fact that they get an annual grant *from* the taxpayer to attend university is irrelevant.

It might be a bearded sociologist *from* Leeds.

A shot *from* a neighbouring thicket arrested the progress of the animal.

He does not think that there is anything important about laws, rules and advice *from* distinguished people.

I looked up *from* the flick-knives.

He draws a modest stipend *from* the organisation.

The child was now writhing *in* convulsions of pain.

Britain's future *in* computers.

The tiny leveret which he carried *in* his breast

The treble voices of choir boys *in* a glorious anthem.

In our pleasure *in* stained glass we are too apt not to give enough credit to the masons who devised these lace-like frameworks.

Frost, *in* a loud check suit.

We found fossilised mammoths *in* the banks of frozen rivers.

La traversée de nuit *au départ de* Douvres.

Elle se plaignit de mauvais traitements *que lui avait fait subir* son propriétaire.

Ses enfants écoutèrent avec une juste déférence ces maximes morales *qui sortaient* des lèvres de leur père.

Certaines personnes, *en raison de* son insensibilité, le considéraient comme un sot.

Une vapeur blanche *qui émanait* du sol voilait légèrement l'herbe.

La gondole, *sortant* du canal, s'élança en pleine lagune.

La vallée qui, *venant* des lacs, descend vers l'est est déboisée.

J'ai appris à parler *en écoutant* ma mère.

Qu'ils touchent une bourse annuelle *payée par* le contribuable pour fréquenter l'université n'a rien à voir.

Ce pourrait être un sociologue barbu *venu* de Leeds.

Un coup de fusil *venant* d'un fourré avoisinant arrêta l'animal dans sa course.

Il n'accorde aucune importance aux lois, aux règlements et aux conseils *émanant* de personnes éminentes.

Quittant les couteaux à cran d'arrêt, je levai les yeux.

Il touche de modestes émoluments *versés par* l'organisation.

L'enfant se tordait maintenant, *en proie à* des souffrances convulsives.

L'avenir de la Grande-Bretagne *dans le domaine des* ordinateurs.

Le petit levraut qu'il portait *serré contre* sa poitrine

Les voix aiguës d'un chœur d'enfants *s'élevant au cours d'*un cantique magnifique.

Dans le plaisir *que nous prenons aux* vitraux nous sommes trop enclins à ne pas faire la part assez belle aux maçons qui ont conçu la dentelle de pierre de ces encadrements.

Frost, *vêtu d'*un complet à carreaux tapageur.

Nous trouvâmes des fossiles de mammouths *enfouis* dans les rives de fleuves gelés.

A crowd of children *in* the costumes of many nations	Une multitude d'enfants *portant* les costumes de nombreuses nations
His keenness *in* watching his own interest	L'attention soutenue *qu'il porte à* la défense de ses propres intérêts
The wicket from which the pair had emerged was *in* the wall of this structure.	Le guichet d'où le couple avait débouché était *pratiqué* dans le mur de cette construction.
We turned off to the left *into* a delightful path.	Nous tournâmes à gauche *pour entrer* dans un sentier ravissant.
His old cocked hat was kneaded *into* absolute softness.	Son vieux tricorne était pétri *jusqu'à en être* complètement avachi.
You could climb up the banks *into* meadows.	On pouvait gravir les bords *pour gagner* des pâturages.
They expressed their deep appreciation of the kindness *of* the government in making them that offer.	Ils exprimèrent leur profonde appréciation de la bienveillance *qu'avait montrée* le gouvernement en leur faisant cette offre.
A scene *of* some attraction for the human heart	Une scène *possédant* quelque charme pour un cœur humain
The property-wrecking atmosphere *of* the previous four days	Le climat de vandalisme *qui régnait* depuis quatre jours
The tradition *of* 'don't hit a man when he's down' has declined.	La tradition *selon laquelle* 'on ne frappe pas un homme à terre' a décliné.
The thesis *of* this book is that ...	La thèse *exposée dans* ce livre est la suivante ...
Throughout the world *of* industrial civilisation	Partout dans le monde *où règne* la civilisation industrielle
A man *of* the people	Un homme *sorti* du peuple
The Misses Murray used to visit the poor cottagers *on* their father's estate.	Les demoiselles Murray visitaient les pauvres paysans *qui demeuraient* sur le domaine de leur père.
The elephant was pushing with a big leather pad *on* his forehead *at* a gun stuck in deep mud.	L'éléphant poussait avec un gros bourrelet de cuir *attaché* sur le front *pour dégager* un canon enlisé dans la boue profonde.
Communication satellites mirror events *on* the far side of the world.	Les satellites de transmission nous apportent l'image d'événements *survenant* à l'autre bout de la Terre.
It is in America that most has been done *on* superscale computers.	C'est en Amérique qu'on a fait le plus *en matière d'*ordinateurs géants.
The cut *on* his forehead was a mere trifle.	L'estafilade *qu'il avait* au front n'était qu'une bagatelle.
The new regulations *on* the number of people allowed to stand are very strictly kept.	Les nouveaux règlements *fixant* le nombre de personnes autorisées à être debout sont très strictement appliqués.
Thousands of young hippies have opted *out of* this crushing burden of work and responsibility.	Des milliers de jeunes hippies ont choisi de *rejeter* ce fardeau écrasant du travail et de la responsabilité.
This study required patient thought *over* a long period of time.	Cette étude exigeait une réflexion patiente *étalée* sur une longue période.

He understood navigation and could take a ship *round* the world.	Il s'entendait à la navigation et pouvait lui-même mener un navire *faire le tour du* monde.
Omar's fanatical compliment *to* the Koran when he said: 'Burn the libraries for their value is in this book'.	Le compliment fanatique *qu'*Omar *faisait* au Koran quand il disait: 'Brûlez les bibliothèques car toute leur valeur est dans ce livre'.
It was only *to* close observers that her dress differed from her sister's.	Ce n'était qu'*aux yeux des* observateurs attentifs que sa robe différait de celle de sa sœur.
The local resistance *to* the plan	La résistance locale *qui s'oppose* au projet
Twelve hours later he was in the train *to* Chicago.	Douze heures plus tard, il se trouvait dans le train *roulant vers* Chicago.
Villon enhances pity with ridicule, like a man cutting capers *to* a funeral march.	Villon rehausse la pitié par le ridicule, tel un homme faisant des entrechats *à la musique d'*une marche funèbre.
An opinion poll reveals the attitude of the French *to* nuclear energy.	Un sondage révèle l'attitude des Français *par rapport* à l'énergie nucléaire.
To music, the ear cannot be passive.	*A l'égard de* la musique, l'oreille ne peut rester passive.
Their attention was like that of a learned society *to* a lecture on some scientific subject.	Leur attention ressemblait à celle d'une société savante *écoutant* une conférence sur quelque sujet scientifique.
A book *to* speak to her of her own early life	Un livre *bien fait pour* lui parler de ses débuts dans la vie
Sitting *through* a sermon	Assis *à subir sans broncher* un sermon
Ships sailing *under* a flag of convenience	Des navires *battant* pavillon de complaisance
The knots of enormous palms *upon* the islets	Les bouquets d'énormes palmiers *qui poussaient* sur les îlots
An old castellated manor house, grey *with* age	Un vieux manoir crénelé, *rendu* gris *par* l'âge
A new and peculiar phase of taste *with* qualities and a charm of its own	Un goût nouveau et particulier, *doué de* qualités et d'un charme bien à lui.
The wind-swept fields, *with* their rough walls, look grim and uninviting.	Les champs, balayés par les vents, *enclos de* murs de pierres sèches, présentent un aspect sévère et rebutant.
A game *with* very similar rules	Un jeu *organisé selon* des règles fort semblables
The great trees *with* their pale spring foliage	Les grands arbres *revêtus de* leur pâle feuillage printanier
With a roof over his head, he had ceased work.	*Nanti* à présent *d'*un toit pour abriter sa tête, il avait cessé de travailler.
He was disillusioned *with* politics.	Il avait perdu ses illusions *quant à* l'action politique.
With a yell, he rose and fled.	*Poussant* un hurlement, il se leva et s'enfuit.
Once more the men gathered into a circle, some *with* their heads bare to the rain.	Une fois de plus les hommes se rangèrent en cercle, les uns *offrant* leur tête nue à la pluie.

A chain of hills, *with* many rich villages at its base	Une chaîne de collines, *ayant* à ses pieds un grand nombre de villages prospères
Worcester, *with* the prettiest cricket ground in England	Worcester *dont* le terrain de cricket est le plus joli d'Angleterre
Shrewsbury, *with* probably the finest collection of half-timbered Tudor buildings	Shrewsbury *qui possède* sans doute le plus bel ensemble de maisons à colombages de l'époque Tudor
On the other side there were other high mountains *with* the winter's snow still not quite melted.	De l'autre côté se dressaient d'autres montagnes élevées, *où* les neiges d'hiver n'étaient point encore complètement fondues.
There is no water, *with* its pleasant life and changefulness.	L'eau, *qui donne* à un paysage tant de vie charmante et de variété, manque.
Past orchards *with* apple and pear trees bending beneath their ruddy fruit	Le long de vergers *dont* les pommiers et les poiriers se courbaient sous leurs fruits vermeils
One of those theologians *with* Teilhard de Chardin at his finger-tips	Un de ces théologiens *qui connaissent* leur Teilhard de Chardin sur le bout des doigts
Life went by in this grey stone house, *with* the river Yarrow crooning in the nooks below.	Les jours s'écoulaient dans cette maison de pierres grises, *tandis que* la rivière Yarrow murmurait dans les recoins d'en bas.

94 Present participle

94.1 *Adjectival present participle → Relative clause*

The *peeling* plaster	Le plâtre *qui s'écaille*
A hoarding on which appeared the names of other clubs with *changing* figures	Un panneau sur lequel apparaissaient les noms d'autres clubs avec des chiffres *qui changeaient*
The evidence collected in the *following* pages	Le témoignage rassemblé dans les pages *qui suivent*
The *winning* goal	Le but *qui assura la victoire*
The *over-hanging* elm trees	Les ormes *qui surplombent*
A *squeezing, wrenching, grasping, scraping, clutching*, covetous old sinner	Un vieux pécheur cupide, *qui pressurait, arrachait, empoignait, raclait, étreignait*
The *dancing* water	L'eau *qui dansait*
A *cascading* stream	Un ruisseau *qui descend en cascades*
The *all-pervading* commercialism	Le mercantilisme *qui s'étend partout*
The house in which I live is haunted by the noise of *dripping* water.	La maison *où* je demeure est hantée par un bruit d'eau *qui tombe goutte à goutte*.
He had an *intimidating* sort of refined voice.	Il y avait dans son accent quelque chose de distingué *qui intimidait*.
My *emerging* theory that all committed futurologists might be optimistic was demolished by my next call.	La théorie *que je commençais à échafauder*: à savoir que tous les futurologues de profession seraient des optimistes, fut battue en brèche par la visite suivante.

Everything was changing; old buildings *coming down* and new ones *going up*.

Tout était en train de changer; des immeubles anciens *en démolition*, des neufs *en construction*.

It is difficult to provide security cover for a VIP *moving about*.

Il est difficile d'assurer la sécurité d'une personnalité *en déplacement*.

A political party *losing momentum*.

Un parti politique *en perte de vitesse*.

95 Singular → Plural

They have spent their whole time in the pursuit of *knowledge*.

Ils ont passé tout leur temps à acquérir *des connaissances*.

In *this* unlimited *leisure*, discussion had been worn threadbare.

Dans *ces loisirs* interminables, la discussion s'était épuisée, tarie.

The *progress* of civilisation has only made Glencoe more desolate.

Les progrès de la civilisation n'ont fait qu'ajouter à la désolation de Glencoe.

The *firing* continued.

Les fusillades se poursuivaient.

They were now delivered from tanks and *shell-fire*, from frost and snow and sudden death.

Et voici qu'ils étaient délivrés des chars d'assaut, *des pilonnages d'artillerie*, du gel, de la neige et de la mort brutale.

Does he really imagine that millions of young people are gasping for *higher education?*

S'imagine-t-il vraiment que des millions de jeunes soupirent après *les études supérieures?*

He had a fine sense of *responsibility*.

Il avait un sens aigu de *ses responsabilités*.

The only *damage* was crumpled mud-guards.

Il n'y eut pas d'autres *dégâts* que des ailes froissées.

The silence was at last broken by *the barking* of a dog.

Le silence fut enfin rompu par *les aboiements* d'un chien.

Then *water* off the hill behind the camp poured in a cascade right down the grassy bank behind the tents.

Puis *des eaux* venant de la colline derrière le camp se déversèrent en cascade jusqu'au bas du talus herbeux derrière les tentes.

If they speak *nonsense*, they believe they are talking humour.

S'ils expriment *des sottises*, ils croient user du langage de l'humour.

His writing did not bring him in much.

Ses écrits ne lui ont pas rapporté gros.

The rubbish that has been written and talked!

Ces niaiseries qu'on a pu écrire et proférer!

A half-lost moss-grown road led away from *that* green *shade* towards the home of Shelley.

Une route à demi effacée sous la mousse menait de *ces ombrages* verdoyants jusqu'à la maison de Shelley.

Our reporter has been to *the scene* of the accident.

Notre reporter est allé sur *les lieux* de l'accident.

He is only stating *the obvious*.

Il n'exprime que *des évidences*.

The entire history of *brutality* and *terror* practised by and upon the American working class

Toute l'histoire *des brutalités* et *des actes de terrorisme* commis et subis par la classe ouvrière américaine

The primary aim of *our reading* and *thinking* and *discussing* was not to pass

Le but essentiel de *nos lectures*, de *nos réflexions*, de *nos discussions* n'était pas

| our exams. | de réussir nos examens. |
| *Strength* must be given to our economy. | Il faut donner *des forces* à notre économie. |

96 Specific → General

96.1 *Nouns, adjectives, adverbs*

A *rattle* of dishes	Un *bruit* de vaisselle *entrechoquée*
A *clatter* of feet upon the stones	Un *bruit* de pas *qui résonnaient* sur les dalles
A *twanging*	Un *son de corde pincée*
The *tinny* resonance of corrugated iron	Les échos *métalliques* de la tôle ondulée
In the good old *days*	Au bon vieux *temps*
Half climbing, *half* throwing himself, he fell in a heap on the other side.	Grimpant *un peu*, se jetant *un peu* en avant, il tomba comme une masse de l'autre côté.
A *probing* into the situation may lead to a clearing of the air.	Une *étude approfondie* de la situation pourrait bien conduire à une clarification de l'atmosphère.
If he has a degree, there are even more attractive and promising *avenues* open to him.	S'il a un diplôme d'université, alors des '*voies royales*' encore plus séduisantes et prometteuses s'ouvrent à lui.
No family was *immune* from new ideas.	Aucune famille ne se trouvait *à l'abri* des idées nouvelles.

96.2 *Specific verb → More general verb often + adverb or adverbial phrase*

In that unexpected silence, a squirrel *scurried* along a branch.	Dans ce silence inattendu, un écureuil *courut prestement* le long d'une branche.
Although the corridors have been partially lighted up, there are many places where you must still *grope* in the dark.	Bien que les corridors aient été en partie éclairés, il y a cependant beaucoup d'endroits où il faut encore *marcher à tâtons* dans l'obscurité.
Bare-legged boys are *dangling* their feet above the rising tide.	Des garçons aux jambes nues *laissent pendre* leurs pieds au-dessus de la marée montante.
The river *was brawling*.	La rivière *coulait avec fracas*.
He *jerked* his hand.	Il *eut un brusque mouvement* de la main.
The cars *were crawling*.	Les voitures *avançaient au pas*.
They *shuffled* to the door.	*D'un pas lourd et traînant* ils *se dirigèrent* vers la porte.
A dusty carriage *rumbled up*.	Une voiture poussiéreuse *arriva bruyamment*.
The thin blue smoke *winding* slowly from the chimney.	La mince fumée bleue *qui sortait en lentes spirales* de la cheminée.
The great garden *sloped* very slightly towards the south-west.	Le grand jardin *descendait en pente* très douce vers le sud-ouest.
The Welsh mountains *towering* into the	Les montagnes du pays de Galles

clouds	*s'élevant haut* dans les nues.
He *dodged* now into the engine-room, now up steel ladders.	Il *se glissait de droite et de gauche*, tantôt dans la salle des machines, tantôt jusqu'au sommet d'echelles de fer.
The cat expresses rage by *swishing* its tail.	Le chat exprime sa fureur *en battant l'air de la queue.*
They've *lagged* behind us a bit.	Ils *sont restés à la traîne* derrière nous.
The steersman *jammed* the helm down.	Le timonier *engagea fortement* la barre.
He would provoke the male by *darting* in and out of a herd of elephant.	Afin d'irriter le mâle, *il allait et venait à toute vitesse* entre les jambes d'un troupeau d'éléphants.

---

97 'Sentence tags'

These 'sentence fillers' can rarely be translated literally. (See also section 51.)

You accuse us of hypocrisy. *All right.* But I think you should also consider your own case.	Tu nous taxes d'hypocrisie. *Soit.* Mais je trouve que tu devrais réfléchir à ton propre cas.
Believe it or not.	*Mais vous n'allez pas me croire.*
He will never, *I dare say*, have quite got over this discovery.	Jamais, *je présume*, il ne sera tout à fait remis de cette découverte.
How do such people *ever* earn a living?	Comment ces gens-là font-ils *donc* pour gagner leur vie?
I expect we shall have a long time to wait.	*Sans doute* nous aurons longtemps à attendre.
I *happen* to prefer the truth.	Moi, je préfère la vérité, *c'est comme ça.*
The President isn't going to be bothered with any thing as nonsensical and unimportant as that, *if I can help it!*	On ne va pas déranger le président pour une bêtise de rien du tout comme ça, *si j'ai mon mot à dire!*
Naughty students breaking windows *indeed!*	De vilains étudiants qui brisent les vitres, *fi donc!*
The English are incapable of emotion, *let alone* passion.	Les Anglais sont incapables d'émotion – *pour* de la passion, *n'en parlons pas!*
Certainly not as a tourist, *let alone* as a tripper	Certainement pas en touriste, *encore moins* en excursionniste
Is the engine too hot? *I mean* isn't there rather a smell of burning?	Est-ce que le moteur est trop chaud? N'y a-t-il *donc* pas comme une odeur de brûlé?
Nay, the noise seemed even human.	*Bien plus*, le bruit semblait presque humain.
Never mind saying: 'What's the use?'	*Pas la peine* de dire: 'A quoi bon?'
Tell me *now*, was it found out?	Dites-moi *un peu*, est-ce qu'on a découvert la chose?
'It's dreadful!'	'C'est épouvantable!'
'I wouldn't say that.'	*'Je ne trouve pas.'*
In one sandwich there's something that *I'll swear* isn't chicken.	Un des sandwiches renferme, *ma foi*, autre chose que du poulet.

And here, *sure enough*, is Bill.

Do so *and welcome*

Et *ma parole*, je ne me trompe pas, le voici justement, Bill.

Faites-le *à votre aise*

---

98 'The argument *that* X is Y'

The argument *that* the animal must suffer acutely in being thus deprived of its freedom is specious.

Le raisonnement *selon lequel* l'animal doit souffrir cruellement d'être ainsi privé de sa liberté est spécieux.

Freud's proposition *that* civilisation is based on the permanent subjugation of the human instincts.

La thèse de Freud *selon laquelle* le fondement de la civilisation consiste à tenir toujours bridés les instincts de l'homme.

The principle *that* the law will not sanction conduct which it deems contrary to public policy.

Le principe *selon lequel* la loi ne tolérera pas un comportement qu'elle juge contraire au bien public.

The rumours *that* the President and the Prime Minister are not in agreement.

Les rumeurs *selon lesquelles* le Président et le Premier ministre ne seraient pas d'accord.

The Europeans' argument *that* the reduction of the deficit in the USA's balance of payments is the necessary precondition to any stabilisation of the international monetary system

La thèse européenne *selon laquelle* la réduction du déficit de la balance des paiements des Etats-Unis constitue le préalable à tout assainissement du système monétaire international

Once again we see here the government's conviction *that* by reducing working time, jobs are created.

On retrouve ici la conviction du gouvernement *selon laquelle* en réduisant la durée du travail, on crée des emplois.

There is an old gaullist tradition *that* gaullists are neither of the right nor of the left.

Il y a une vieille tradition gaulliste *qui veut que* les gaullistes ne soient ni de droite ni de gauche.

It is a commonplace *that* the weather is the Englishman's favourite topic.

Dire que le sujet de discussion le plus affectionné des Anglais est le temps qu'il fait, c'est une platitude.

---

99 'There' + verb of progression or occurrence → Verb used impersonally

---

There were arising in Germany forces which were not in accord with what we conceived to be the democratic ideal.

En Allemagne, *il surgissait* des forces en désaccord avec notre conception de l'idéal démocratique.

There is still more wine *produced* than the country needs.

Il se produit toujours plus de vin que le pays n'en a besoin.

There has arisen the new problem of the status of the worker in his trades union.

Il s'est présenté le nouveau problème de la situation de l'ouvrier au sein de son syndicat.

As the organisation grew more complex,

A mesure que l'organisation devenait plus

there developed the necessity for keeping up the supply of officials.	complexe, *il se manifesta* la nécessité de former des administrateurs en nombres suffisants.
There resulted the 1914–18 war.	*Il s'ensuivit* la guerre de 1914–18.

100 Verb → Noun

100.1 *Clause → Phrase*

Before they built the railway between Edinburgh and Glasgow	*Avant la construction de la voie ferrée* d'Edimbourg à Glasgow
She had quitted those lodgings *before we parted*.	Elle avait quitté ce logement *avant notre séparation*.
Ten thousand years *before history began*.	Dix mille ans *avant le début de l'histoire*.
Long *before dinner was concluded*.	Longtemps *avant la fin du dîner*.
There will be many more years of disturbances *before relief comes*.	*Avant toute amélioration*, il faudra encore subir bien des années de gêne.
Until Parliament intervened in 1938, the law virtually encouraged the more unscrupulous trader.	En fait, *jusqu'à l'intervention du Parlement* en 1938, la loi encourageait les vendeurs les moins délicats.
They are more or less bound to stay there *until they retire* at sixty or sixty-five.	Ils y restent en gros pratiquement *jusqu'à l'âge de la retraite*, soixante ou soixante-cinq ans.
'We want to trust you *while you are* in this establishment', he said.	'Nous tenons à vous faire confiance *pendant votre séjour* dans cet établissement', dit-il.
She intended to offer the nosegays to the ladies *when the company arrived*.	Elle avait l'intention d'offrir les bouquets aux dames *à l'arrivée de la compagnie*.
When George the Third *came to the throne*	*A l'avènement* de Georges III
When owls *began to call*.	*Aux premiers cris* des hiboux.
The rose-tree had grown from a cutting she had brought years before from Italy, *when she was first married*.	Le rosier avait poussé à partir d'une bouture qu'elle avait rapportée d'Italie il y avait des années de cela, *aux premiers jours de son mariage*.

100.2 *Infinitive or gerund → Noun*

He blushed *to reflect* that he knew nothing of poetry.	Il rougit *à la pensée* qu'il ne savait rien de la poésie.
Amongst the soldiers were English ladies, some with children *to care for*.	Avec les soldats, il y avait des dames anglaises, quelques-unes avec des enfants *à leur charge*.
The cottages had been condemned as unfit *to live in*.	On avait condamné les chaumières comme impropres *à l'habitation*.
We shall not be content merely *to get back* to the position of 1939.	Nous ne nous contenterons pas simplement d'*un retour* à la situation de 1939.
Disraeli deserves *to be lectured about*.	Disraeli mérite *une conférence*.
He called on the Secretary *to read* the minutes of the last meeting.	Il donna la parole au secrétaire de séance pour *la lecture* du procès-verbal de la

If the luckless residents affected by the noise of Heathrow grumble too much, they may *be lectured* on the importance of aviation to our balance of payments.

If these principles are sound, it remains to be considered how they are *to be applied.*

We do not contemplate the factory *closing down.*
Within a moment of *taking off,* an explosion destroyed the 'plane.
Driving a car is just a question of common sense.
Only a revolution in Christian thinking could save Christianity from *being abandoned.*

He felt that she was possibly a little too pleased at the Heylins *having lost their money.*

réunion précédente.
Si les malheureux habitants affectés par le bruit de Heathrow grognent un peu trop, ils peuvent s'attendre à *des homélies* sur l'importance de l'aviation dans l'équilibre des paiements.
Si ces principes sont valides, il reste à considérer le mode de *leur application.*

Nous n'envisageons pas *la fermeture* de la fabrique.
Un instant après *le décollage,* une explosion détruisit l'avion.
La conduite d'une voiture n'est qu'une question de bon sens.
Seul un changement révolutionnaire de la pensée chrétienne serait capable d'enrayer *la désertion* qui menace le christianisme.

Il trouva qu'elle était peut-être un peu trop satisfaite de *la ruine* des Heylin.

Conclusion: some thoughts on translation

Translation may be thought of as a double process of decoding a message in the source language and of re-encoding it in the target language.

We have seen that in this process of transcoding, various changes may take place in the form of the message: changes of grammatical category (Verb $\leftrightarrow$ Noun, etc.), changes of semantic category (Abstract $\leftrightarrow$ Concrete, General $\leftrightarrow$ Specific), changes of sentence form (Active $\leftrightarrow$ Passive, Affirmative $\leftrightarrow$ Negative, Impersonal $\leftrightarrow$ Personal, Contraction, Expansion, and re-arrangement of the order of elements within the sentence).

All these changes are legitimate, provided that nothing is subtracted from the original message and nothing added. If some element is lost or weakened in the necessary transposition, then there must be compensation. For instance, in section 9.1, in the translation of 'On arrive difficilement à établir des prévisions localisées' as 'It is difficult to make successful local forecasts', the word 'successful' has been added to cover the idea of striving for success implicit in the verb 'arriver'. Similarly, in section 33.1, 'Sa compagne offrait l'image d'une figure admirablement harmonieuse', translated as 'His companion's face was a picture of admirably harmonious composition', the word 'composition' has been added to compensate for the weakness of rendering 'offrait' as 'was'.

There then arises the danger of what may be termed over-translation. The examination candidate who translated 'a bungalow' as 'une petite maison à un étage' made a brave, but unfortunately inaccurate expansion; 'une petite maison sans étage' might have been nearer the mark, but 'un pavillon', or even 'un bungalow', would have met the case. It might be thought that, in section 61, the rendering of 'the great unwashed of Ipswich' as 'ceux des habitants d'Ipswich qui n'affectionnaient point le savon' is an example of over-translation, since there are such pejorative words as 'la racaille' or 'la populace' which could be combined with 'non-lavée', but I would argue that the translation offered has attempted to convey Dickens' somewhat cruel sense of humour.

In this case, as in many others, the choice between synonymous words and expressions will be determined by the style of language (or register) of the text to be translated. As far as possible, the register will be maintained in the translation: the formal (stilted) will be rendered by the formal, 'Pray be seated' → 'Donnez-vous la peine de vous asseoir'; the normal (standard) by the normal, 'Please sit down' → 'Asseyez-vous, s'il vous plaît'; the informal (colloquial) by the informal, 'Sit down kids' → 'Assis, les gosses!'

The important thing is not to mix registers. As a translation of 'I can't speak to that person', 'Je ne puis parler avec cette personne' is hyper-correct ('niveau soutenu'). 'Je ne peux pas parler avec cette personne' and 'Je ne peux causer avec cette personne' are normal ('niveau correct'), and 'Causer à ce mec? pas question!' would be classed as colloquial ('niveau familier'), whilst 'Je ne puis causer à ce mec' is unacceptable because of its inconsistent mixture of the hyper-correct 'Je ne puis' with the incorrect 'causer à' and the vulgar 'mec'.

In translating from French, the traditional advice 'Visualise the situation, then re-think it in English' can be followed with advantage. Let us take a simple example: 'Il avait les épaules larges, les muscles *apparents*'. Reference to a dictionary will give 'obvious', 'visible', 'noticeable', 'conspicuous', 'showing', none of which fits the case. If however we form a mental picture of Popeye after his ingestion of spinach, we see his '*bulging* biceps'. Similarly for 'Elle a posé ses aiguilles *sagement*, après avoir terminé son rang', none of the usual equivalents for 'sagement' ('wisely', 'sensibly', 'moderately', 'properly') seems quite right; on reflection and after visualising the scene, '*carefully*' comes to mind.

In translation into French, there is the further difficulty of re-thinking the situation in a language which we do not perfectly possess, but even here, visualising the situation may help initially. When considering the sentence 'I remember those large dipping willows', a mental picture of willows will show that it is their branches which are dipping in the water and this image is the starting-point for the translation: 'Je me rappelle ces grands saules aux branches qui baignent/plongent dans l'eau.'

This example shows that as well as thinking in images, we need to think with words also. The idea of 'dipping' has suggested 'to take a dip', which leads to 'prendre un bain' and hence to the use of the verb 'baigner' in its intransitive sense. The alternative 'plonger' is in the same semantic field, with the additional (and here appropriate) value of downward movement.

We need to know which words go with which in French – and which do not. Let us take as an example: 'I saw this as my opportunity and I made my way to the exit'. The difficulty lies in the first part of the sentence; 'voir' and 'occasion' just won't combine, but other combinations are possible: 'saisir l'occasion', 'profiter de l'occasion' and, more colloquially, 'sauter sur l'occasion'. Hence the possible translations: 'Je compris qu'il fallait saisir/profiter de/sauter sur/l'occasion et je me dirigeai vers la sortie'.

Again, consider the translation of 'Our culture simply doesn't have the answers to our problems'. 'Répondre à', 'la réponse à' cannot be used in conjunction with 'des problèmes'; the stock phrases are 'résoudre un problème', 'la solution d'un problème'. If we use the first of these, the French version becomes 'Notre civilisation est tout simplement incapable de résoudre les problèmes qui nous préoccupent'. (For expansions of this type, see section 92.) The second provides a less concise version: 'Notre civilisation est tout simplement incapable de fournir la solution des problèmes qui nous préoccupent'.

Translation from and into French involves competence in handling relationships between words and structures of the two languages, some of which have been described in this book, and also competence in handling relationships between words within the target language. Such double competence is not easily attained and depends on consistent reading, listening, noting and classifying of what has been noted. This is why translation is the most exacting of linguistic exercises; nevertheless it is a skill which can be acquired.

Index

Numbers refer to sections